VIRE A MESA

CASPIAN WOODS

VIRE A MESA

100
regras corporativas de sucesso
que ninguém nunca te contou

Tradução
Cristina Yamagami

Benvirá

ISBN 978-85-8240-182-8

DADOS INTERNACIONAIS DE CATALOGAÇÃO NA PUBLICAÇÃO (CIP)
ANGÉLICA ILACQUA CRB-8/7057

Woods, Caspian

Vire a mesa / Caspian Woods ; tradução de Cristina Yamagami. – São Paulo : Benvirá, 2015.

248 p.

Bibliografia

ISBN 978-85-8240-182-8

Título original: *The devil's advocate*

1. Comportamento organizacional 2. Administração de empresas 3. Liderança 4. Sucesso nos negócios I. Título II. Yamagami, Cristina

15-0025 CDD-658
CDU-658

Índices para catálogo sistemático:
1. Administração de empresas

Editora Saraiva

Rua Henrique Schaumann, 270
Pinheiros – São Paulo – SP – CEP: 05413-010
PABX (11) 3613-3000

SAC
0800-0117875
De 2ª a 6ª, das 8h30 às 19h30
www.editorasaraiva.com.br/contato

Diretora editorial Flávia Alves Bravin
Gerente editorial Rogério Eduardo Alves
Planejamento editorial Rita de Cássia S. Puoço
Editoras Debora Guterman, Gisele Folha Mós, Luiza Del Monaco, Paula Carvalho
Assistente editorial Lara Moreira Félix
Produtores editoriais Daniela Nogueira Secondo, Rosana Peroni Fazolari, William Rezende Paiva
Comunicação e produção digital Nathalia Setrini Luiz
Suporte editorial Juliana Bojczuk, Juliana Moura Lucena
Produção gráfica Liliane Cristina Gomes

Preparação Luciane Gomide
Revisão Casa de Ideias
Diagramação Casa de Ideias
Capa IDÉE – Arte e Comunicação
Impressão e acabamento Intergraf Ind. Gráfica Eireli

Traduzido de *The Devil's Advocate*, de Caspian Woods.
Tradução autorizada da edição original em inglês publicada na Inglaterra pela Pearson Education Limited.

1ª edição

305.280.001.001

Para o senhor Coombes,
meu professor de inglês do terceiro ano que, ao mandar a turma toda subir nas carteiras rindo feito hienas enlouquecidas, me ensinou que as "convenções" são só para preguiçosos e covardes.

AGRADECIMENTOS

Sou profunda e eternamente grato:

A Julie Newing por todas as sugestões e pelo trabalho incansável nas pesquisas e na verificação de fatos para este livro.

A Stuart Martin por toda a ajuda no projeto gráfico da edição original.

A Ruth e a todos os meus colegas da Editions Financial, por deixarem o trabalho tão divertido. E também aos nossos clientes, que nos permitem nos divertir no trabalho.

À minha família e aos meus irmãos, que me ajudaram a superar o medo de passar vergonha em público me amarrando a um poste com uma placa "Não alimente o animal".

A Elie, Rachael, Sarah, Paul e à equipe da editora, por fazerem do processo de publicação um enorme prazer.

E a Scarlett e Felix por me inspirar - mas, não, vocês não vão ganhar um cachorrinho.

Agradecimentos da editora

Pela permissão de reproduzir imagens protegidas por direitos autorais somos gratos a: imagem da zebra © Digital Zoo/Corbis; quebra-cabeças de madeira © Ocean/ Corbis; faixa preta de karatê © JGI/Tom Grill/Blend Images/Corbis; moto da Harley-Davidson © Car Culture/ Corbis; formigas em fundo branco © Jan Bengtsson/Etsa/ Corbis; barco de origami © Iris Friedrich/fstop/Corbis;

número na pista de corrida © RG Images/Stock4B/Corbis; o elemento discrepante © Kelly Redinger/Design Pics/Corbis; pilhas de moedas © Image Source/Corbis; rede de hóquei © Stephen Harrison/Alamy.

Em alguns casos, não conseguimos identificar os autores das imagens e agradeceríamos quaisquer informações que nos possibilitassem encontrá-los.

Sumário

PARTE 3: INOVAÇÃO

PARTE 4: VENDAS E MARKETING

PARTE 5: EQUIPE

PARTE 6: FINANÇAS

PARTE 7: VOCÊ

Introdução

Este livro não tem todas as respostas. Ele não vai fazer de você um milionário. Ele não o ajudará a conquistar uma *top model.*

Porque, na realidade, não existem respostas prontas. Se as regras do sucesso fossem tão simples, elas poderiam ser seguidas como em um livro de receitas. Haveria uma enorme escassez de autores de livros de negócios e todos nós estaríamos lagarteando nas Bahamas e bebericando martíni!

Ninguém garante que uma lição que rendeu lucros no passado continuará gerando lucros no futuro. Na teoria econômica, o lucro é visto como um sinal para os outros entrarem em um setor e copiar como loucos até os lucros excedentes evaporarem. Se uma empresa consegue obter grandes lucros fazendo a mesma coisa ano após ano, isso é prova de um mercado falido.

No entanto, algumas empresas conseguem ficar à frente das outras. Elas não fazem isso seguindo à risca as orientações de algum livro, mas sim aderindo a uma série de profundos princípios. Elas se antecipam aos acontecimentos, seguem por caminhos inusitados e identificam, sem alardes, oportunidades pelas quais o rebanho frenético passa galopando sem perceber.

O objetivo aqui é reforçar essa intuição. Espero que este livro o leve a desenvolver o próprio estilo e a aguçar sua intuição. E, se você já for uma pessoa capaz de se destacar da multidão, ele deve ajudá-lo a reforçar ainda mais essa capacidade.

ELAS SE

ANTECIPAM

aos

ACONTECIMENTOS,

seguem por

caminhos

INUSITADOS

e identificam SEM

ALARDES

OPORTUNIDADES

PELAS QUAIS

o rebanho

FRENÉTICO

passa galopando SEM

PERCEBER.

parte 1

Liderança

1

Não se isole no topo

"Se quiser construir um navio, não se ocupe em convocar homens para juntar madeira, dar ordens e dividir o trabalho. Antes, ensine-os a ansiar pelo vasto e infinito mar."

— Antoine de Saint-Exupéry, *Cidadela*

Mais absurdos foram ditos sobre a "liderança" do que sobre qualquer outro tema. Esse fenômeno reflete mais o desejo dos consultores de apelar à solidão dos líderes e explorar seu acesso a verbas cobiçadas.

A liderança não tem segredo nenhum. Se você quiser que as pessoas o sigam, precisa ir a algum lugar. E precisa convencer as pessoas a acompanhá-lo ao seu destino.

Os pesquisadores da "ciência" da felicidade constataram que um dos fatores essenciais do bem-estar é um senso de propósito. Pesquisando ganhadores da loteria, eles identificaram os três principais itens que contribuem para a felicidade: ausência de preocupações, proximidade com a família/amigos e um senso de propósito (ironicamente, ganhar na loteria tendia a anular os três fatores).

O trabalho é um dos poucos lugares em que as pessoas podem estabelecer um senso de propósito. Sua função como líder é descrever o topo da montanha e convencê-las de que vale a pena chegar lá. Fale sobre os desafios e os precipícios que encontrarão pelo caminho e, se houver um concorrente tentando chegar lá antes, melhor ainda.

Essa simples prática promete levá-lo ao topo de mais montanhas do que todas as "sessões corporativas" de *paintball* jamais conseguiriam fazer.

Entre em ação

- Estabeleça uma meta grande, ambiciosa e difícil na sua empresa.
- Invista o tempo necessário para vender essa visão à equipe e explicar por que as pessoas devem acompanhá-lo na jornada.
- Deixe claro quem é o inimigo.

2

Peça favores

Lembro-me de um pôster na minha escola primária: "Faça aos outros o que gostaria que fizessem a você". Com o tempo, aprendemos que, se quisermos a ajuda dos outros, é preciso ajudá-los primeiro. No mundo dos negócios, a ideia correspondente é acumular "capital social", que você pode "sacar" quando precisar.

Bem, sinto muito, mas não é assim que a coisa funciona. Se quiser a ajuda de alguém, você precisa primeiro pedir um favor a essa pessoa.

Benjamin Franklin foi o primeiro a descobrir esse efeito. Para vencer uma importante votação, Franklin precisava garantir o apoio de um senador rival. Ao descobrir que o rival era apaixonado por literatura, Franklin deu um golpe de mestre. Abordando o senador na biblioteca do Senado, ele pediu que o rival lhe emprestasse um livro especialmente valioso e agradeceu profusamente. A manobra funcionou e o senador se tornou um eterno defensor de Franklin. Como o próprio Franklin observou: "O homem que já lhe fez um favor estará mais propenso a lhe fazer outro favor do que o homem que lhe deve um".

Uma das razões desse efeito, confirmado por pesquisadores, pode ser que os favores criam uma obrigação. As pessoas preferem ficar com crédito a ficar em dívida. Um exemplo extremo disso é visto no Japão, onde dizem que não se deve parar para ajudar alguém caído na rua porque isso colocaria a pessoa na situação insuportável de ter de pagar a dívida.

Entre em ação

- Se você quiser deixar uma pessoa feliz, coloque-a em uma posição de poder. Crie um vínculo pedindo ajuda.

3

Durma no carro

As empresas gastam verdadeiras fortunas em comunicação com os funcionários, tentando "alinhar comportamentos aos valores corporativos" e "colocar em prática a visão corporativa".

Mas ninguém é idiota. Como acontecia na propaganda política soviética, nós desconsideramos imediatamente qualquer coisa que nos faz pensar. Nós, como São Tomé, tendemos a acreditar só no que vemos com os próprios olhos.

Então, se você for um líder e quiser transmitir uma mensagem, não perca tempo dando longos sermões à sua equipe. Faça algo épico que ficará gravado na memória das pessoas. As histórias são mais eficazes do que qualquer propaganda do RH.

Apesar da fortuna pessoal estimada em cerca de US$ 25 bilhões, o fundador da Ikea, Ingvar Kamprad, é apaixonado pela cultura da frugalidade de sua empresa. Dessa forma, ele dirige um Volvo velho, viaja na classe econômica e mora em uma casa mobiliada com produtos da Ikea... que ele mesmo montou (a essa altura, ele deve saber usar uma chave-inglesa como ninguém).

Uma noite, ao visitar uma nova loja com sua equipe, ele ficou frustrado quando viu que os hotéis e os albergues estavam cobrando caro demais. Assim, apesar de fazer 15 graus abaixo de zero, ele decidiu dormir no banco de trás de seu carro e insistiu que seus gerentes fizessem o mesmo (cada um no seu carro, claro).

Entre em ação

- Decida os valores que você quer defender.
- Pense em um jeito eficaz de incorporar esses valores e demonstre-os em suas próprias ações. Se você mesmo não "colocar os valores em prática", não pode esperar isso dos outros.

faça algo ÉPICO

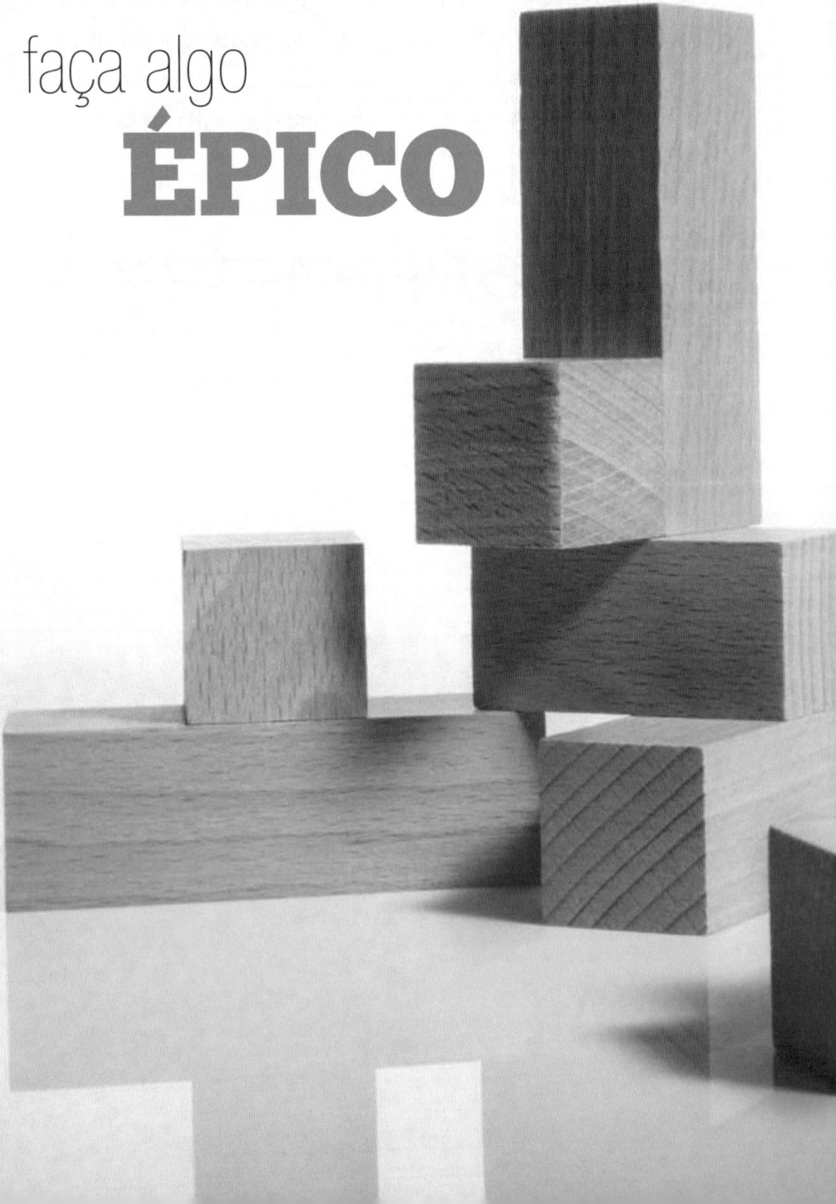

que ficará

GRAVADO

na

memória

das pessoas.

4

Não termine tudo o que começar

Um dia, meu pai me deu um sábio conselho: "O melhor é o inimigo do bom".

Na ocasião, achei que o conselho não fazia sentido algum, mas, com o tempo, fui entendendo o que ele quis dizer.

Os 20% finais de qualquer trabalho são a parte que requer o maior esforço. E a vida é como um jogo empatado: as preciosas horas que você gasta fazendo uma tarefa são retiradas de todas as outras coisas que você poderia estar fazendo.

Não estou sugerindo que entregue a tarefa pela metade. Se o trabalho não for concluído, o fracasso será rápido. Porém, isso não significa que é você quem precisa concluí-lo. Se você passa 80% do seu tempo terminando as coisas, isso representa muitas portas que não terá tempo de abrir.

Em testes de personalidade, um dos tipos mais rigorosos é o "completador". Eles adoram os detalhes e odeiam deixar pontos sem nó. Você precisa ter um na sua equipe.

No entanto, se não for um deles, tentar se transformar em um não o levará a nada. Você provavelmente só vai cometer muitos erros, irritar todos os seus colegas e acabar muito infeliz.

Entre em ação

- Ao montar uma equipe, não deixe de ter as personalidades certas nas funções certas.
- Contudo, se seu objetivo for chegar à riqueza e à glória, aceite o fato de que às vezes você terá de abrir mão da direção.

5

Não responda e-mails

Um programa no seu computador tem o potencial de encurtar sua vida e prejudicar seu trabalho. Estou falando de seu e-mail, por isso é melhor você fechá-lo.

Você está quebrando a cabeça para elaborar uma proposta importante e, de repente, "plin!", uma mensagem aparece na sua cara. "Urgente!", diz a mensagem. Você larga tudo para saber do que se trata e descobre que foi copiado na mensagem das alocações de vagas de estacionamento do escritório para o mês. Você volta à sua proposta, mas nem se lembra mais de onde parou.

É chato fazer isso, mas ninguém vai morrer se você deixar seu e-mail fechado durante um tempo.

Em uma pesquisa conduzida pela Universidade da Califórnia e pelas Forças Armadas dos Estados Unidos, um grupo de trabalhadores foi conectado a um eletroencefalógrafo para monitorar os efeitos do e-mail no dia a dia. O grupo que deixou o computador recebendo e-mails automaticamente apresentou uma frequência cardíaca mais elevada que os colegas que fecharam seus e-mails. Essa reação de "lutar ou fugir" provoca a liberação de cortisol, que leva a um maior risco de ataques cardíacos e a uma variedade de outros problemas de saúde.

E esse também não é o melhor jeito de trabalhar. "Urgente" e "importante" são duas coisas diferentes. Ao se permitir ser interrompido por mensagens que se dizem urgentes, você jamais conseguirá se concentrar nas coisas importantes, mas menos urgentes.

Vi a mesma abordagem sendo testada com interrupções no escritório. Um ambicioso executivo convenceu sua empresa a adotar um esquema de bandeirinhas vermelhas e verdes colocadas pelos funcionários em cima do computador para indicar se eles podiam ou não ser interrompidos. A ideia foi boa, até ele entrar no escritório no dia seguinte e encontrar todos os funcionários com a bandeira vermelha levantada.

Entre em ação

- Altere as configurações de seu e-mail para não baixar automaticamente as mensagens. Não se preocupe; se o caso for mesmo urgente, a pessoa vai dar um jeito de telefonar para você.
- Reserve alguns horários específicos ao longo do dia para checar os e-mails e apagar eventuais incêndios.
- Se quiser impedir as interrupções, use fones de ouvido. Esse truque simples levará as pessoas a pensar duas vezes antes de interrompê-lo (aproveito o ensejo para pedir desculpas a todos os meus colegas no escritório por isso!).

6

Perdoe (mas não esqueça)

Nem tudo é um mar de rosas.

Em algum momento da sua vida profissional, por mais que se empenhe, erros serão cometidos. E, quando isso acontecer, você será tentado a lançar uma caça às bruxas. Vai querer encontrar e punir o culpado.

E pode até se sentir melhor com isso. Pode se iludir achando que impediu o erro de se repetir, mas está muito enganado. Na verdade, tudo o que você estará fazendo é criar uma cultura do medo. Em pouco tempo, as pessoas vão começar a esconder os erros. Será uma onda de dedos apontados, tapetes puxados e costas apunhaladas. E a isso se seguirá uma torrente de erros.

Como diz Arsene Wenger, técnico do clube de futebol inglês Arsenal: "Um jogador não pode ter medo de jogar".

Para reduzir os erros, aprenda uma lição de segurança com o setor de transporte aéreo. Aproximando-se do Aeroporto Internacional de Dulles, em Washington, em 1976, o piloto do voo 514 da TWA entendeu mal uma resposta ambígua do controle de tráfego aéreo. No acidente que se seguiu, todos os 85 passageiros e sete tripulantes morreram. Nas investigações, descobriu-se que esse erro já tinha acontecido antes, mas os responsáveis optaram por encobri-lo.

Isso levou a indústria norte-americana de transporte aéreo a criar o Sistema de Relatórios para a Segurança da Aviação. Trata-se de um canal de comunicação confidencial pelo qual qualquer pessoa de qualquer nível hierárquico é incentivada a reportar erros ou quase acidentes sem medo de retaliação. Desde a implementação do sistema, a taxa de acidentes fatais no setor da aviação nos Estados Unidos caiu 65%.

Entre em ação

- Quando algo der errado, monte um sistema de investigação aberto. Deve ficar claro que os níveis hierárquicos serão desconsiderados e que ninguém será recriminado.
- Comece admitindo as próprias deficiências para estimular uma conversa franca e aberta.
- Mas, ao mesmo tempo, não esqueça: não será possível cometer o mesmo erro duas vezes.

7

Ignore tarefas urgentes

O *mito do empreendedor*, de Michael Gerber, é um livro de negócios que recomendo se você possui aquela sensação de que sempre falta tempo para fazer suas atividades diárias. A principal mensagem de Gerber é que você deve passar mais tempo trabalhando *no* seu negócio e menos tempo trabalhando *para* o seu negócio. Você precisa sair da sala de máquinas e ir à sala de comando para verificar o direcionamento do navio.

Muitas empresas que vejo por aí são zumbis. Elas não estão prestes a fechar as portas, mas também não estão crescendo. Elas estão presas no limbo. E a razão pela qual não conseguem crescer é porque são comandadas por técnicos ou especialistas que adoram botar a mão na massa e trabalhar no produto em si.

Para crescer, é preciso implementar sistemas e processos que possibilitem a qualquer pessoa entregar o produto. Como Gerber sugere, você deve ver o negócio como se fosse uma franquia.

Mude a maneira como o tempo é alocado e classificado para fazer essa transição. Mais especificamente, é preciso se concentrar naquelas tarefas que não parecem urgentes ou prementes, mas que têm maior impacto sobre seus planos para o futuro. Como provavelmente não tem muito tempo sobrando, só será possível liberar esse tempo "estratégico" ignorando as tarefas "urgentes" que terão pouco impacto no futuro da empresa.

Entre em ação

- Crie um manual da empresa documentando os sistemas necessários para realizar os trabalhos.
- A meta é tornar sua função redundante e fazer a mesma coisa com sua equipe.
- Ao elaborar uma lista de afazeres, tente atribuir uma pontuação a cada item com base no impacto monetário para o futuro da empresa e no esforço necessário. Crie o hábito de se concentrar nas tarefas que oferecem maior impacto com menor esforço (como pegar o telefone para ligar para os clientes potenciais!).

8

Seja mal informado

No mundo em que vivemos, as notícias são transmitidas 24 horas, 7 dias por semana. Os jornais impressos estão morrendo por ser lentos demais. As pessoas querem receber sua dose de notícias instantaneamente pela internet, pelo celular, pela TV.

Mas será que precisamos mesmo de tantas notícias? É verdade que nos preocupamos com os bombardeios no Oriente Médio e com crises cambiais na Europa, mas será que seu sucesso depende da sua capacidade de saber tudo o que acontece no mundo?

O problema do excesso de notícias não é só o desperdício de tempo, mas que isso acaba sendo prejudicial na prática.

Uma das famosas regras dos noticiários é "todo mundo quer ver sangue". Pesquisadores da Universidade McGill, mensurando a atividade cerebral e a transpiração, descobriram que os participantes apresentaram uma maior reação fisiológica a más notícias. Infelizmente, as boas notícias em geral são ignoradas e não "dão manchete".

Todavia, enquanto você se empanturra com uma dieta de negatividade sem fim, isso pode ter um efeito corrosivo em seu bem-estar e seu desempenho.

Vários estudos analisaram o "índice de recessão", a correlação entre a confiança do consumidor e o uso de uma linguagem negativa nos jornais. Porém, um estudo surpreendente analisou a direção dessa relação.

Os pesquisadores pontuaram a linguagem utilizada nos jornais lidos por profissionais do mercado financeiro de Nova York e as flutuações dos preços das ações. Eles encontraram uma correlação entre esses dois fatores, mas o mais surpreendente foi a direção constatada. A queda dos preços das ações não resultou em uma cobertura negativa no dia seguinte; o que aconteceu foi o contrário. Notícias negativas de manhã *levaram* à queda dos preços no mesmo dia. A dieta diária de negatividade se transforma em uma profecia autorrealizável.

As más notícias são viciantes e pode ser difícil se livrar desse vício. Entretanto, não podemos fazer muita coisa para melhorar este mundo assustador, e ler sem parar sobre ele alimenta uma sensação de impotência que acaba corroendo nossas motivações e nossas opiniões sobre os acontecimentos.

Entre em ação

- Imponha a si mesmo uma dieta restritiva de notícias. Não configure um site de notícias como sua página inicial do navegador. Não assista ao noticiário ao acordar e antes de dormir. É melhor comprar um monte de DVDs.
- Se seu trabalho requer que se mantenha informado, tente se limitar a notícias do setor e a análises semanais ou mensais. E ignore o noticiário diário.
- Configure alertas para se atualizar sobre o que você precisa saber e ignore o resto.

9

Use a culpa para motivar

Aposto que você já quis poder substituir seus colegas por robôs. Você conhece os sistemas que possibilitam que o negócio funcione sem percalços, mas parece impossível convencer sua equipe a seguir esses sistemas. De preencher os relatórios de horas trabalhadas a baixar o assento da privada, você se deprime quando vê que precisa atazaná-los para que façam coisas que só os beneficiarão.

Até que um dia decide tomar medidas drásticas na tentativa de resolver o problema de uma vez por todas. Em vez de ficar no pé deles, você impõe uma multa pelo descumprimento das regras.

Por mais gratificante que isso possa ser, você acabará descobrindo que, ao formalizar a pena, *reduzirá ainda mais* as chances de as regras serem cumpridas.

Os cientistas sociais já vêm estudando há um bom tempo o poder de regras sociais ocultas que funcionam como ligas para unir a sociedade. Agora os economistas estão demonstrando o valor monetário dessas regras.

Uma equipe israelense se propôs a mudar o comportamento dos pais em relação aos filhos. Para dissuadi-los de se atrasarem para pegar as crianças na creche, eles impuseram uma multa. Sempre que os pais se atrasavam, eles eram multados. No entanto, em vez de reduzir o número de atrasos, a quantidade dobrou. Isso porque a multa era interpretada como um sinal de que era socialmente aceitável se atrasar, que bastava pagar a mais pelo privilégio. A multa monetária incomodava muito menos os pais que o preço social das caras feias e olhares de censura dos funcionários da creche quando eles corriam para pegar os filhos com cinco minutos de atraso.

Entre em ação

- Pense duas vezes antes de formalizar penalidades e recompensas pelo comportamento. Você não só corre o risco de corromper o sistema como remove a punição mais dolorosa de todas.
- Em vez disso, procure o equivalente a botar o transgressor no canto da sala com um chapéu de burro na cabeça. Tudo bem, você pode não radicalizar a ponto de obrigar seus funcionários a andar com uma melancia no pescoço, mas a simples menção do nome de alguém nas reuniões semanais pode ser muito mais eficaz.

10

Fale menos

11

Espere a maré baixar

É difícil não querer sair por aí para protestar contra toda a nova tecnologia que encontrar pela frente. Li no jornal que o Instagram foi comprado por US$ 1 bilhão. Vejo empresas contratando uma legião de funcionários sem ter qualquer fonte discernível de receita. E, nesse tempo todo, os formadores de opinião da indústria tecnológica me criticam por não "sacar" ou entender que, "desta vez, as regras mudaram para sempre".

E você tem coragem de ficar sentado em um canto enquanto todo mundo entra na dança e ganha montanhas de dinheiro? Sente-se e ainda cruze os braços, só para garantir. Como afirma Warren Buffett: "É só quando a maré baixa que dá para ver quem estava nadando sem calção de banho".

Da mesma forma como temos a "sabedoria da multidão", também temos a mentalidade de rebanho. Jamais se esqueça do ditado que diz: "Se parecer bom demais para ser verdade, provavelmente é". Quando todo mundo começa a ir para um lado, provavelmente é hora de seguir na direção oposta. O lendário magnata Joseph

Kennedy resumiu essa ideia quando contou que soube que era a hora de pular fora do mercado de ações, pouco antes do *crash* da bolsa de 1929, quando o menino que engraxava seus sapatos se pôs a lhe dar dicas de ações para investir.

E, se você não "sacar", pode entrar na onda quando ela está prestes a arrebentar na praia. Basta ver o exemplo do velho mago da mídia, Rupert Murdoch, que comprou o MySpace em 2005 por US$ 580 milhões só para vendê-lo seis anos depois por US$ 35 milhões.

Entretanto, o fato de ninguém conseguir entender sua ideia ou de o mundo ainda não estar completamente pronto para ela não significa que seja hora de desistir.

Entre em ação

- Confie na sua intuição. Por mais que os outros insistam, se não se convencer é sinal de que a ideia não é certa para você.
- E não desanime se as pessoas não valorizarem suas ideias. Elas podem só precisar de um empurrãozinho a mais para entender o que você está tentando dizer.

12

Chame a noiva para dançar

Você já reparou como mulheres muito bonitas parecem ter namorados surpreendentemente feios?

Isso me ocorreu em uma festa de casamento, ao ver a noiva sentada sozinha assistindo aos convidados dançarem. Ela era o objeto de adoração no pedestal e ninguém pensou em se aproximar e perguntar se ela gostaria de dançar. A mesma coisa acontece com a garota mais bonita da sala. Normalmente é o garoto mais cara de pau e com menos a perder que tem a coragem de chamá-la para sair.

A mesma coisa acontece no mundo dos negócios. Outro dia mesmo vi um empresário em um jantar se aproximar do CEO da Sainsbury's, nada menos que a segunda maior rede de supermercados do Reino Unido, dar um tapinha no ombro dele e falar de maneira descontraída sobre por que a Sainsbury's deveria comprar o produto dele. O empresário foi educado e rápido, mas não ficou pisando em ovos como o resto de nós, preocupados com a possibilidade de cometer alguma gafe. (Apesar de até hoje eu me arrepender de tentar apertar a mão de Richard Branson, o magnata fundador do Virgin Group, enquanto ele fechava o zíper da calça no banheiro masculino em um jantar de premiação.)

Entre em ação

- Muitas pessoas terão a visão ou a influência para transformar seu negócio ou sua carreira. Descubra quem elas são, o que você precisa saber sobre elas e simplesmente as aborde.
- Encare como um primeiro encontro. Não seja todo formal e não espere que se apaixonem por você e saquem o talão de cheques. Simplesmente aproveite ao máximo o seu tempo e o delas fazendo sua lição de casa e se concentrando exclusivamente no que precisa saber. Elas o agradecerão por isso.

13

Corra menos riscos

Um dos princípios básicos da economia sustenta que o lucro é a recompensa pelo risco. Esse princípio pode ser visto com mais clareza no mercado financeiro, refletido nos coeficientes de risco e recompensa dos investimentos em ativos, como ações e títulos (teoricamente!).

Entretanto, tente perguntar a um alpinista ou paraquedista se ele gosta de correr riscos. O alpinista Sir Chris Bonnington segue à risca o conselho da mãe: "Faça coisas perigosas com segurança". E o aventureiro e herói dos escoteiros do mundo todo Bear Grylls aprendeu com o pai: "Se há alguma dúvida, não há dúvida". As pessoas que se envolvem nessas incríveis aventuras fazem de tudo para reduzir os riscos ao máximo. Pode ser machismo, pode ser preguiça, mas não há por que correr riscos desnecessários nos negócios.

Para ter sucesso, você precisa se aventurar pelo caminho menos trilhado e fazer coisas que ninguém mais faria. Porém, seria tolice não fazer o possível para se proteger das eventualidades, seja fazendo um seguro, seja definindo um plano B ou criando mecanismos de alerta.

No entanto, depois de tomar as precauções necessárias, guarde suas apólices de seguro no fundo da gaveta e deixe seu plano B em um canto da mente. Você não pode se deixar impedir pela dúvida. Como recomendou o filósofo alemão Goethe: "Assim que se comprometer, a providência entra em ação. Comece a fazer tudo o que puder fazer ou sonhar que pode fazer. A ousadia envolve talento, força de vontade e magia".

Entre em ação

- Faça uma auditoria de riscos na sua empresa. Anote todos os riscos claros ou não tão claros que ela pode enfrentar.
- Depois, repasse a lista pensando em uma solução para cada risco identificado. Você não precisa eliminar todos os riscos de uma vez, mas o simples fato de parar para identificá-los pode ajudar a evitá-los.

parte 2

Estratégia

14

Não diversifique

Ninguém quer apostar todas as fichas em uma só jogada. Faz sentido diluir os riscos ampliando sua gama de produtos e entrando em mercados relacionados. Além disso, se você tiver um cliente feliz, poderá vender a ele um monte de outras coisas.

Mas será que seu cliente vai mesmo querer um "pau pra toda obra" se pode ter produtos ou serviços oferecidos por empresas especializadas?

Todos nós temos preconceito contra a "diluição de objetivos". Para pesquisar a motivação, o cientista comportamental Ayelet Fishbach, da Universidade de Chicago, conduziu experimentos comprovando que, ao incluir mais metas a uma atividade (por exemplo, "exercitar-se para desenvolver a musculatura *e* perder peso"), as pessoas se mostravam menos propensas a realizá-la.

Como consumidores, avaliamos as ofertas do mesmo jeito. Basta pensar em uma loja da Starbucks. Você pode tomar um café lá, mas, se quiser um sanduíche, será que não preferiria ir a outro lugar?

Além disso, as empresas alemãs espalhadas pelo planeta já demonstraram que escolher um pequeno nicho de mercado não é impedimento ao crescimento de uma empresa de classe mundial (leia mais sobre isso na regra 21: Em terra de gigantes é bom ser anão).

Entre em ação

- Você não vai querer que os clientes do seu café passem fome, mas saiba que, ao diversificar suas ofertas, enfraquecerá as percepções deles em relação à sua competência essencial.
- Se não quiser arriscar, procure maneiras laterais de diversificar. Explore caminhos para levar sua especialização a mercados tangenciais sem enfraquecê-la.

15

Não fique obcecado pela qualidade

Você é uma vítima da Gestão da Qualidade Total? Está sobrecarregado pelas normas da ISO? Não aguenta mais ouvir falar do Seis Sigma?

Parece que o negócio da "qualidade" foi dominado pela brigada dos intelectuais e suas pranchetas. Eles exibem um desejo obsessivo, beirando a paranoia, de remover qualquer vestígio de erro do mundo para transformá-lo em um espaço tranquilo e bem definido de ordem funcional.

Então, por que nós cobiçamos iPhones e não smartphones da Sony? Enquanto a Apple abocanhava um lucro gigantesco de US$ 22 bilhões em 2011, as maiores fabricantes de smartphones do Japão revelavam que esperavam perder um total de US$ 17 bilhões. Desde 2000, as gigantes japonesas de eletrônicos perderam dois terços de seu valor de mercado.

E, mesmo assim, quando foi lançado, será que o iPhone era mais confiável que um smartphone da Sony? Que piada!

A Apple incorporou a antena ao corpo do celular de um jeito que, se eu segurasse o aparelho na posição errada, simplesmente não conseguia fazer uma ligação. Além disso, meus pulsos ficam esfolados de tanto roçar nas afiadas bordas de alumínio do meu MacBook, que ainda por cima quase chamuscou meu lençol com o calor de sua bateria. E, mesmo assim, estarei na fila assim que um novo produto da Apple for lançado.

Não estou dizendo que você deve tolerar uma empresa que só oferece produtos de má qualidade e pouco confiáveis. Entretanto, precisamos repensar o termo "qualidade". Qualidade não equivale a ausência de erros. A essência da qualidade é magia, contentamento e beleza. Devemos nos empenhar para criar produtos e serviços que façam os clientes sorrir de prazer, e não produtos e serviços que meramente oferecem um "desempenho uniforme".

Entre em ação

- Coloque a brigada de intelectuais de volta em suas gaiolas e deixe os cães da criatividade correrem soltos.

16

Aceite os fornecedores chatos

Bons fornecedores são vitais para seu sucesso. Quando você está pressionado por clientes famintos por seus produtos ou serviços, sua reputação estará em jogo se não tiver um fornecedor à disposição. Assim, ao avaliar um novo fornecedor, desconfie daqueles que se mostram positivos demais.

Vendedores ávidos estarão preparados para dizer qualquer coisa para ganhar um novo cliente. No entanto, quando você estiver com seu cliente gritando porque quer o serviço ou produto com urgência, é bem provável que o vendedor esteja lagarteando ao sol em uma praia do Caribe com a generosa comissão da venda que fechou com você.

Assim, se você encontrar um fornecedor que recebe suas ligações com um gemido ou faz perguntas esquisitas sobre o tipo de trabalho que você poderá dar e gosta de reclamar dos prazos de entrega, não o descarte achando que vai lhe dar muito trabalho. Se ele suspirar e bater com a caneta na mesa, provavelmente o leva a sério. Ele está ponderando o custo da própria reputação e pensando se vai ou não conseguir cumprir as promessas que você quer que ele faça. Quando tiver um incêndio para apagar, é esse o tipo de fornecedor que o ajudará, porque ele preza pela reputação e quer cumprir as promessas que fez.

Entre em ação

- Ao escolher um novo fornecedor, use os vendedores só para fazer as apresentações necessárias – depois, faça questão de contorná-los.
- Pegue o nome do gerente da fábrica e vá conhecê-lo pessoalmente. Ande pela fábrica. Diga claramente o que você espera da empresa e não fique chateado se ele não perder tempo puxando seu saco.

17

Concentre seu poder de fogo

Na Era das Grandes Navegações, as batalhas navais eram realizadas em estreita proximidade. Cada navio de guerra se alinhava ao adversário e abria fogo. A vitória iria ao navio que conseguisse ser 5% mais rápido em recarregar os canhões ou que tivesse uma mira um pouquinho melhor.

O vice-almirante Nelson era um jovem comandante com fama de ter uma personalidade forte e não seguir a multidão. Sua batalha mais famosa foi em Trafalgar. Diante da linha padrão formada pela frota francesa adversária, Nelson resolveu abandonar as regras. Em vez de avançar em todas as frentes, ele organizou sua frota em duas colunas. Ele as dirigiu diretamente ao centro da frota francesa em uma enorme concentração de poder de fogo. Essa manobra dividiu a frota francesa e deu a Nelson uma impressionante vitória.

Embora a concentração de poder de fogo possa levar à vitória, muitas empresas se veem paralisadas tentando avançar em todas as frentes. Diante disso, a decisão mais importante que você deve tomar é o que *não* fazer.

Os negócios envolvem demandas conflitantes e muita pressão para dar conta de tudo. Entretanto, seus recursos – sejam eles dinheiro, sejam mão de obra ou seu próprio tempo de reflexão – são finitos. Por isso, você precisa decidir primeiro o que resultará na manobra vencedora. Depois, descarte todo o resto e avance em uma única linha de frente.

Entre em ação

- O que resultaria em uma vantagem competitiva decisiva no seu setor?
- Identifique as ações e dependências que resultariam nessa vitória.
- Em seguida, repasse seu plano e exclua qualquer trabalho ou tarefa que não contribuir diretamente para a vitória. E, sempre que se vir diante de uma nova tarefa, submeta-a a esse teste.

18

Mire um mercado diferente do seu

Você não tem uma boa ideia de quem são seus concorrentes? É bem provável que eles estejam sentados à sua mesa nos encontros do setor. Os motoristas dos caminhões de entrega deles utrapassam os seus nas rotatórias. E, certamente, você já passou um bom tempo comparando sua empresa com as deles, mapeando seus pontos fortes e fracos. Mas não é com eles que você deve se preocupar.

A Nokia é uma das principais empresas de telefonia móvel do mundo. Entretanto, vinte anos atrás, antes de seus executivos pensarem em fabricar celulares, ela já era líder mundial... só que na fabricação de papel higiênico.

Na primeira década deste milênio, os jornais do Reino Unido também travaram uma guerra feroz de preços para roubar a participação de mercado um do outro. Hoje, o modelo de negócios deles está levando uma verdadeira surra de Craig Newmark, que criou o site Craigslist.com, nos Estados Unidos, para manter contato com os amigos e, com isso, provocou uma fuga devastadora de anunciantes de classificados dos jornais.

As maiores ameaças à sua empresa são as empresas e os modelos de negócio que você mal conhece. O aumento exponencial da velocidade da inovação, atualmente, significa que seus concorrentes, diretos ou indiretos, serão capazes de roubar seu almoço antes mesmo de você dar a primeira garfada.

Entre em ação

- Você precisa de uma rede de relacionamentos que fique de olho nas mudanças do setor. Para isso, ela não pode se limitar a procurar nos lugares de sempre e provavelmente deve ser composta de pessoas muito mais jovens que você.
- Pense de maneira criativa e indireta para ver se existe algum outro jeito de fazer o que sua empresa faz.
- Se alguém ainda não estiver fazendo isso, corra para chegar lá antes. Porque, se você conseguiu pensar nisso, nada impede os outros de também conseguirem, e sua principal vantagem competitiva é a velocidade.

19

Jogue seu plano de negócios no lixo

Dizem que uma das primeiras coisas a serem feitas nos negócios é elaborar um plano de negócios. Os bancos adoram um bom plano de negócios e, como seria de esperar, se você pretende que eles apostem na sua empresa, eles vão querer verificar se você ponderou todos os ângulos e detalhes.

No entanto, acreditar que os próximos três anos, ou até os próximos seis meses, podem de alguma forma ser previstos em um pedaço de papel é uma fraude que seria melhor ser deixada aos videntes. Em vez disso, você precisa se transformar em um faixa preta da improvisação.

Como o general prussiano Helmuth von Moltke observou: "Nenhum plano sobrevive ao primeiro contato com o inimigo". Veja bem, não interprete isso como uma rejeição generalizada a qualquer tipo de planejamento. Tanto que o próprio Helmuth foi um estrategista incrível. Contudo, ele sabia que só o começo de uma campanha podia ser planejado. Depois disso era uma questão de se adaptar aos "inevitáveis atritos da batalha, eventos fortuitos, imperfeições na execução e a vontade independente da oposição". Com seu estado-maior, Helmuth ponderava incontáveis variações e adaptações, mas depois confiava nos instintos de liderança de seus generais no campo de batalha para adaptar o planejamento.

O problema do plano de negócios é que ele não faz isso. Você se mata para decidir os detalhes de projeções trianuais e analisar os números e depois deixa o plano mofando no fundo da gaveta.

No mundo dos negócios, as táticas são mais importantes que a estratégia. Você precisa de uma visão orientadora (que pode até ser escrita no verso de um guardanapo) e depois deve ser rápido e flexível para decidir como chegar lá.

Entre em ação

- Esboce sua visão em uma única folha de papel A4, não mais que isso.
- Substitua sua sessão de planejamento anual por sessões de estratégia improvisadas, repassando possíveis oportunidades e ameaças.
- Chame um "advogado do diabo" para contestar suas ideias.

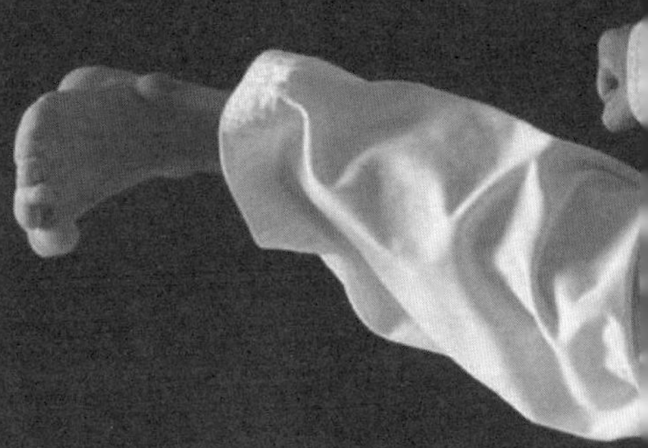

Transformese

em um

FAIXA PRETA

da

improvisação.

20

Defina metas impossíveis

Você já fez um curso sobre administração do tempo e saiu de lá sem aguentar mais ouvir falar de metas SMART? Pelo que parece, só devemos ter metas *Específicas, Mensuráveis, Atingíveis, Realistas* e dentro de determinado *Tempo*. Fui forçado a assistir a diversos cursos desse tipo sentado nos fundos da sala, roendo minha caneta de cortesia do hotel e me segurando para não me levantar e interrompê-los.

Qual é o sentido de ter objetivos e sonhos se eles forem realistas? Se fossem "razoáveis", "alcançáveis" ou "realistas", eles não seriam sonhos. A ideia de ter metas audaciosas é justamente que elas parecem impossíveis.

Será que era razoável para uma menina negra e pobre que morava no complexo habitacional mais violento de Harlem, em Nova York, achar que um dia ela ganharia um Oscar? Diga isso a Whoopi Goldberg.

Será que era possível para uma mãe solteira vivendo com uma mísera pensão em um apartamento alugado se tornar a mulher mais rica da Grã-Bretanha em dez anos? J. K. Rowling conseguiu.

Será que era realista para um jovem e tímido advogado indiano ambicionar libertar uma nação inteira e transformar o mundo por meio da desobediência civil não violenta? Ainda bem que Gandhi não seguia as metas SMART.

Essas pessoas não foram realistas e não se deixaram restringir por crenças sobre o que é possível ou até mensurável. Como Steve Jobs poderia mensurar sua missão de "deixar uma marca no universo"? Em vista disso, você deve sempre tentar dar um passo maior que a perna.

Entre em ação

- Elabore seus sonhos; cultive-os e alimente-os.
- Não se preocupe em decidir exatamente como vai chegar ao topo da montanha, ficando obcecado com os detalhes sobre o que planeja fazer nos próximos dias ou semanas para avançar.
- Acredite que sua ambição e seu empenho o levarão até lá.

21

Seja um anão em terra de gigantes

Durante grande parte da última década, o modelo vigente do capitalismo ocidental tem sido o conglomerado conquistador e diversificado de empresas que usa sua influência e conexões para transitar com facilidade de um setor ao outro. O modelo foi adotado por titãs indianos como o Tata Group, que vende de tudo, desde chá até carros de luxo da marca Jaguar.

Porém, nos últimos duzentos anos, empresas alemãs de médio porte se puseram discretamente a navegar por um rumo diferente. O modelo "Mittelstand" é o motor da prosperidade econômica alemã, uma espinha dorsal formada por empresas familiares e conservadoras de médio porte que se agarram, decididas, a seus nichos, que podem ser rodas para camas hospitalares, lápis – como a Faber-Castell – ou sistemas de frenagem de trens. Todavia, de Pequim a Londres, basta dar uma olhada no rótulo e as chances são grandes de você ver um nome alemão nele.

O grupo Mittelstand tem uma série de características em comum consideradas fora de moda nos últimos tempos. Ele abomina o endividamento, abrindo mão de um crescimento mais rápido pelo controle completo. Em geral, suas empresas são de propriedade familiar e evitam acionistas externos. Elas possuem funcionários no conselho de administração e conseguem manter suas operações de manufatura na Alemanha. E, o mais importante, focam no que sabem fazer.

"Em terra de gigantes é bom ser anão", eles dizem entre si. Pegam um nicho bastante pequeno, muitas vezes negligenciado pelas multinacionais maiores, em seguida, o dominam globalmente, tornando-se praticamente oligopólios e criando "fossos defensivos" que dificultam o ataque de qualquer concorrente.

Entre em ação

- Domine seu nicho. Mantenha um foco intenso no que faz seu produto ou serviço ser inigualável e continue investindo para manter essa posição de liderança.
- Se quiser crescer, não diversifique – pense em termos globais e leve seu nicho ao mundo.

22

Não contrate mais soluções tecnológicas

"Ah! Olha só isso, dá para deslizar o ícone com o dedo! Hum, posso escolher a cor de cada tela!" Já participei de reuniões nas quais executivos normalmente frios como gelo se transformaram em crianças empolgadas diante de uma demonstração tecnológica repleta de penduricalhos. Eu tiro o chapéu para os vendedores de TI, mas isso me fez perceber que não quero ser o otário do outro lado da mesa.

A resposta para a maioria dos problemas de negócios não é uma tecnologia mais chamativa. Ter um sistema de gestão de relacionamento com o cliente não vai agilizar seu processo de vendas. Digitalizar todos os seus documentos não vai resultar em um escritório sem papel. Telas de teleconferência de três metros de altura não levam aos mesmos benefícios que uma reunião presencial.

O Serviço Nacional de Saúde britânico acabou de se desfazer de um sistema informatizado de prontuários de pacientes que custou US$ 21 bilhões. No entanto, a milhares de quilômetros de distância, um batalhão de consultores de gestão empresarial se congrega em Mumbai para ver os *dabbawallas* em ação. Todas as manhãs, essa tribo de entregadores coleta 200 mil marmitas individuais. Até as 12h45, eles as entregam aos funcionários de escritório corretos, sendo que cada marmita passa em média por quatro pessoas e percorre 60 quilômetros de distância. A taxa de erro dessa rede de entregadores é de apenas um equívoco a cada seis milhões de entregas. E o processo não envolve nenhum *microchip*.

O problema da maioria das soluções tecnológicas é a pessoa sentada em frente à máquina. É seu comportamento irracional que decidirá o sucesso da empreitada. O sucesso dos *dabbawallas* se fundamenta em um código de honra que abomina os erros, em uma coesa rede tribal e em um enorme sentimento de orgulho.

Se você quiser agilizar o processo, comece mudando o comportamento das pessoas. Só depois de fazer isso é que poderá trazer seu *kit* de ferramentas sofisticadas. Um *kit* de ferramentas sofisticadas não impedirá as pessoas de cometer erros; elas só conseguirão cometer esses erros com muito mais rapidez.

Entre em ação

- Se quiser que sua equipe mude o comportamento, analise o que motiva as ações das pessoas. Depois descubra quais fatores psicológicos levariam a um melhor desempenho, como o orgulho ou um interesse pessoal no resultado.
- Só depois de identificar esses fatores é que você poderá começar a otimizar aos poucos o processo com a tecnologia.

23

Construa a arca antes de prever o dilúvio

As boas ideias, por si só, são inúteis. Você pode passar a vida inteira delirando sobre um futuro que consegue vislumbrar. Porém, só tem sucesso quem faz alguma coisa com isso. Noé não foi imortalizado por prever o Dilúvio, mas sim por construir a Arca.

No mundo dos negócios, não adianta se preocupar em criar o produto perfeito. Uma ideia imperfeita executada com brilhantismo é sempre melhor que uma ideia perfeita que chega se arrastando ao mercado. Quando o produto efetivamente entra no mercado, sempre existe um tempo de ajuste e adaptação. Como diz um velho pôster na sede da Apple: "Os verdadeiros artistas fazem acontecer".

Em seu livro seminal de gestão, *Vencendo a crise*, Tom Peters identificou a "Propensão à Ação" como uma das características que definem uma empresa de sucesso. Para demonstrar sua afirmação, ele cita Herb Kelleher, cofundador da lendária companhia aérea norte-americana de baixo custo, a Southwest Airlines, dizendo: "É claro que temos um plano estratégico. Ele se chama fazer as coisas".

Até as grandes empresas entendem isso. A gigante dos bens de consumo P&G adotou o que chama de "fetiche por experimentos". Com isso, a empresa permite que seu pessoal resolva problemas na hora, por iniciativa própria, em vez de depender de uma abordagem *top-down*, de cima para baixo. Isso pode reduzir prazos e levar a uma propensão a testar soluções na vida real, e não em um laboratório controlado.

Entre em ação

- Mensure o sucesso da sua empresa em saídas, não em entradas. Em outras palavras, concentre-se nos resultados, não no empenho.
- Se seu produto estiver 80% pronto, ele já está pronto. Os outros 20% podem ser consertados com o tempo, em vez de voltar à estaca zero e começar tudo de novo.

NOÉ não foi

imortalizado por prever o

DILÚVIO,

MAS SIM

por construir

a arca.

24

Receba o caos de braços abertos

Kishore Biyani, CEO da varejista indiana de mais rápido crescimento, estava ansioso para aprender o que pudesse sobre a filosofia gerencial ocidental. Ao expandir seus supermercados Big Bazaar, ele buscou imitar a aparência dos supermercados ocidentais, bem iluminados, com corredores bem organizados e mostruários arrumados e limpos.

Entretanto, ele percebeu que, apesar de os clientes conseguirem transitar com facilidade pelos corredores, eles tendiam a sair das lojas sem comprar nada. Diante disso, Biyani desorganizou os mostruários, formando corredores confusos, e misturou os produtos nas prateleiras. Ele parou de expor maçãs limpas e lustradas, vendendo frutas e legumes ainda com sujeira e lama.

Na explicação dele: "É preciso manter o *kama* (espírito criativo) e o *yama* (controle) em equilíbrio na sua empresa". Em sua tentativa de impor a ordem, ele esterilizou a experiência de compra, quando o que os clientes queriam era toda a agitação e desordem que evocava a qualidade e o frescor de uma feira livre. Os clientes estavam muito mais propensos a pegar um produto em um *display* desorganizado do que a desarrumar um *display* certinho de produtos.

Entre em ação

- Na tentativa de impor tranquilidade e controle na sua empresa, será que você não passou dos limites e transformou a experiência dos seus clientes em algo estéril?
- Talvez você precise liberar um pouco de *kama* na sua organização. Mesmo que seja assustador, os clientes poderão ficar mais à vontade ao fazer negócios com sua empresa.

25

Venda coisas invisíveis

Aos olhos de muitos tradicionalistas, se você não fizer um produto físico, não tem um negócio de verdade. Qual é o sentido de incontáveis "empresas de serviço" se elas não tiverem nenhum cliente para atender? Mas os tempos estão mudando.

Nos últimos dez anos, o peso físico de um dólar em exportações norte-americanas caiu pela metade. Hoje em dia, 70% do valor de um carro novo é intangível. Como Jonas Ridderstråle e Kjell Nordström observaram em seu livro *Funky business: talento movimenta capitais*: "Se doer quando você deixar cair sua vantagem competitiva no pé, então, você tem um problema". Não importa o que você vende, é provável que o maior valor que agrega seja invisível.

Vejamos o caso de um fabricante alemão recentemente mencionado na revista *The Economist*. Percorrendo os olhos por sua grande fábrica, ele disse ao entrevistador: "Nós não vendemos máquinas de refrigeração. Nós vendemos frio".

Ele não foi acometido de um surto virulento de "besteirol gerencial". Ele está demonstrando como as empresas estão justificando preços mais altos ao agregar serviços aos seus produtos. Se preferir o jargão técnico, podemos falar de "modelo de valor agregado híbrido".

Hoje em dia, a tradicional Rolls-Royce britânica ganha mais da metade de sua receita não com a venda de motores, mas com serviços agregados a seus produtos.

Grande parte da força propulsora para essa mudança resultou de experiências nas economias emergentes. As empresas descobriram que os engenheiros chineses eram capazes de desmontar um produto ocidental e criar uma nova versão por uma parte do custo em questão de semanas. Feche a fábrica deles, e eles abrirão outra ao lado.

No entanto, se, como o fabricante alemão, seu contrato não fornecer "15 refrigeradores", mas sim "manter a temperatura em 3 °C negativos 365 dias por ano", será muito mais difícil copiar sua fonte de renda. Dessa forma, sua oferta passa a ser a qualidade das máquinas e o serviço pós-venda, incluindo serviços de manutenção, suporte e consultoria. Ela passa a se alinhar muito melhor aos interesses do cliente e suas margens podem ser maiores.

Entre em ação

- Qual é o benefício líquido do seu produto e serviço para o cliente?
- Pensando retroativamente a partir da resposta à primeira pergunta, responda: "E se eu garantisse a entrega de um valor fixo ao cliente?".
- Depois, pense em como seria possível estruturar os termos financeiros do contrato para alinhar seus interesses aos do cliente.

26

Use seu advogado preventivamente

O melhor uso de um advogado é profilático, ou seja, antes de precisar dele. Se tiver de ligar para um advogado a fim de resolver um problema, você provavelmente demorou demais para agir.

Quando se sente ofendido ou prejudicado por alguém ou alguma empresa, é tentador partir para o litígio. Porém, não se esqueça do antigo aforismo chinês: “Na busca pela vingança, cave duas covas”.

Não tem jeito, o problema já aconteceu. Embora sua sede de litígio possa atenuar seu orgulho ferido, é provável que você só esteja cavando um buraco maior ainda para si mesmo.

Soube de uma empresa de *software* que achou que a Microsoft tinha roubado uma de suas patentes. Em uma demonstração de intimidação do tipo Davi contra Golias, eles chamaram o leviatã de Seattle para a briga... e venceram! No entanto, investiram tanto tempo e esforço na batalha jurídica que, apesar de terem recebido uma restituição, a empresa saiu tão prejudicada que acabou tendo de fechar as portas.

Um bom advogado saberá que isso pode acontecer. Nós temos a sorte de trabalhar com um escritório de advocacia que sabe "falar a língua dos negócios". Primeiro eles esclarecem as vias legais. Depois eles explicam os prováveis resultados e nos incitam a usar o bom senso. Tenho certeza de que ganham menos honorários agindo assim, mas sempre pego o telefone para me aconselhar com eles.

Entre em ação

- Se seu advogado só souber falar "juridiquês", livre-se dele.
- Faça uma simulação jurídica de incêndio. Comece explicando seu orçamento, apresente sua empresa aos advogados e elaborem juntos uma lista dos maiores riscos, suas respectivas prioridades e o custo aproximado de se livrar desses riscos.

27

Volte-se à base da pirâmide

Ao longo dos próximos dez anos, um bilhão de pessoas de economias emergentes deverão entrar na classe média global, o que será maior período de criação de riqueza da história. Pensando no famoso sonho de todo empresário de Hong Kong: "Vender uma escova de dentes para cada chinês", esse é um mercado que não deve ser ignorado.

Entretanto, o termo "classe média" é relativo. Em muitos países, uma pessoa com uma renda disponível de apenas quatro dólares por dia já pode ser considerada parte da classe média.

Isso está forçando as empresas a serem mais criativas no modo como vendem seus produtos. Algumas mergulharam na "economia dos sachês", vendendo produtos em tamanhos menores. Outras, como a Levi's na Índia, permitem que seus clientes que desejam ficar na moda mas precisam economizar, aluguem os *jeans* mais cobiçados. E, ainda, outras empresas estão adotando o conceito indiano do "*jugaad*", uma metodologia de frugalidade que envolve "se virar com o que tem", reduzindo os produtos ao absolutamente essencial, como o modelo Nano da companhia automobilística indiana Tata, vendido a cerca de US$ 1.600.

Mas isso não significa explorar esses clientes? De jeito nenhum.

Em seu livro, *A riqueza na base da pirâmide*, o finado guru indiano da administração C. K. Prahalad repreendeu as pessoas que acreditavam que a única maneira de combater a pobreza era pela ajuda humanitária, e não pelo comércio.

Empresas como a norte-americana de *design* D-Rev exemplificam bem essa abordagem. Como explica seu cofundador, Paul Polak: "A coisa mais importante que os pobres precisam para sair da pobreza é encontrar um jeito de ganhar mais dinheiro". A empresa de Polak (cujo mantra é "criar *designs* para os outros 90%") se dedica a desenvolver produtos capazes de criar novas fontes de renda aos pobres. O *eletroclorador* é um bom exemplo disso. Em vez de um dispendioso sistema de filtragem de água, o *eletroclorador* usa um painel solar e sal para produzir água tratada a baixo custo. Por um pequeno investimento, a D-Rev possibilita que um empreendedor franqueado trate e venda 200 litros de água por hora.

Entre em ação

- Será que você não está ignorando os maiores mercados consumidores emergentes que o mundo já viu?
- Você tem como ajudar seus novos clientes a enriquecer?

28

Não faça na China

Ao longo da última década, as indústrias manufatureiras de muitas economias ocidentais foram tomadas pela corrida aos centros de baixo custo no exterior, como a China e a Índia. Recentemente, contudo, essa maré parece ter sofrido uma mudança sutil. Os empregos estão voltando para casa.

Isso está acontecendo em parte devido ao superaquecimento da economia chinesa. Os custos dos salários reais subiram 40% em apenas um ano em algumas regiões e os trabalhadores mais volúveis mudam de emprego pelo menor incentivo. Conversei com fabricantes que têm pavor do feriado do Ano-Novo Chinês porque muitos dos trabalhadores que folgam simplesmente não voltam ao trabalho. Acrescente a isso o aumento dos custos de transporte, barreiras infraestruturais (como o "engarrafamento de uma semana" em um porto regional) e preocupações com o roubo desenfreado de propriedade intelectual. Tudo isso faz que seja muito complicado tomar decisões com base em cálculos puramente financeiros.

Mas também existem outras razões para reconsiderar.

Para alguns produtos, uma etiqueta que não envolva "Fabricado na China" é vista pelos clientes como um indicativo de qualidade pela qual eles se dispõem a pagar mais. Na indústria da moda, a velocidade da passarela para a vitrine das lojas é vital (dizem, em tom de brincadeira, que uma varejista espanhola fabrica as roupas nos navios que os entregam). Outros setores precisam manter suas operações de manutenção e reparo perto dos clientes.

E a Alemanha conseguiu manter *clusters* de fabricantes de alto valor em sua terra natal usando os países emergentes só para fazer a montagem final.

A tecnologia também está fazendo sua parte. Inovações de manufatura estão reduzindo as porcentagens dos custos de mão de obra de um produto. Além disso, o advento de impressoras 3D e técnicas de "prototipagem rápida" tem possibilitado a customização em escala menor.

Essa maré alta pode não se transformar em uma inundação, mas, em vez de se limitar a analisar apenas o custo da mão de obra, as empresas deveriam repensar sua estratégia de produção, avaliando um "custo total" mais equilibrado antes de fazer as malas e comprar as passagens para a China.

Entre em ação

- Se estiver de olho na mão de obra chinesa, certifique-se de incluir nos seus cálculos o custo total de fazer negócios lá.
- E não deixe de ponderar meticulosamente as vantagens tangenciais de manter sua produção perto dos seus clientes.

parte 3

Inovação

29

Recompense o fracasso

"Nossa maior glória não está em jamais cair, mas em nos levantar sempre que caímos."

— Ralph Waldo Emerson

Tendemos a pensar no inventor como o cientista maluco trancafiado no alto de uma torre, sonhando com o produto perfeito com o qual ele presenteará o mundo. Na verdade, contudo, o processo é muito mais fragmentado que isso. E a essência desse processo é o fracasso.

"Se quiser descobrir alguma coisa que os outros ainda não descobriram", diz o inventor britânico James Dyson, "precisa fazer as coisas do jeito errado". Para criar seu aspirador de pó sem saco, Dyson fez 5.126 protótipos antes de acertar todos os detalhes. Como seria de esperar, isso fez de Dyson um grande defensor do poder do fracasso, declarando: "Sempre achei que as crianças deveriam ser recompensadas na escola pelos fracassos que têm".

O problema é que normalmente o que se faz é o contrário e, desde a mais tenra idade, aprendemos a evitar o fracasso como se fosse contagioso de alguma forma, e não parte do processo natural.

Em sua empresa, a solução poderia ser montar um "laboratório" onde você e sua equipe pudessem cometer esses erros de maneira prática, a baixo custo e com a possibilidade de aprender por meio deles.

Um excelente exemplo disso é o laboratório criado em Menlo Park, no Estado norte-americano de Nova Jersey, pelo então desconhecido inventor Thomas Edison, em 1876. Sob sua orientação, uma equipe de 60 inventores colaborou em 40 projetos diferentes, trabalhando horas a fio, recuperando-se de incontáveis erros e aprendendo com eles. Em suas tentativas de fazer a primeira lâmpada comercialmente viável, Edison disse: "Eu não fracassei mil vezes. Eu descobri mil maneiras de *não* fazer uma lâmpada". Em apenas seis anos, sua equipe patenteou mais de 400 invenções, incluindo a lâmpada e o fonógrafo.

Entre em ação

- Não perca tempo se lamentando de seus fracassos nem tente evitar pensar neles trancando-os no fundo da gaveta. Analise-os para descobrir exatamente o que deu errado e conserte o erro na sua próxima tentativa.
- Monte um "laboratório de inovação" na sua empresa. Pode ser apenas um processo que possibilite às pessoas testar rapidamente o novo produto antes de levá-lo ao mercado.
- Se não tiver passado por pelo menos dez protótipos fracassados do seu novo produto ou serviço, ele provavelmente ainda não está pronto para ser lançado.

30

Sacrifique a vaca sagrada

Na década de 1980, a Kodak desfrutava de uma participação de 90% do mercado norte-americano de filmes fotográficos, com vendas de US$ 10 bilhões. A empresa era tão popular que a expressão "momento Kodak" entrou no vocabulário popular. No entanto, em 2012, a Kodak já tinha ido à falência.

Como eles puderam ser tão cabeças-duras a ponto de negligenciar o advento das câmeras digitais? Na verdade, eles estavam cientes da nova tecnologia. Em 1975, os *designers* da Kodak chegaram a produzir uma das primeiras câmeras digitais do mundo (com uma resolução de 0,1 *megapixel* e pesando 3,6 kg!). Seus cientistas e técnicos sabiam que o futuro seria digital. O problema foi que os executivos da empresa simplesmente se recusavam a aceitar essa realidade por estarem ganhando muito dinheiro com a venda de filmes fotográficos.

É importante manter em mente que o maior obstáculo à criatividade em empresas consagradas costuma ser o medo de perder o que já foi conquistado. A maioria das empresas deixa de se alinhar às mudanças porque precisaria sacrificar boa parte de sua receita atual.

Vendo por esse lado, não surpreende que grande parte das inovações revolucionárias costume vir de novos entrantes em um setor. Os gurus afirmam que isso acontece porque essas empresas são mais jovens, mais ágeis ou mais criativas – na realidade, isso acontece em grande parte porque elas não têm nada a perder e tudo a ganhar.

É preciso ter muita coragem para fazer essa mudança, mas ela não é impossível. A IBM criou o negócio de *mainframes*, o negócio de minicomputadores e o negócio de computadores pessoais antes de vender cada um deles e passar para a próxima grande onda.

Se você trabalha em uma empresa consagrada, nunca se esqueça de que, apesar de estar ganhando rios de dinheiro agora, isso não é uma licença para continuar eternamente no mesmo caminho.

Entre em ação

- Admita que o fato de você ter escolhido não mudar com o tempo não impede um concorrente de chegar e tirar o doce de suas mãos.
- Se necessário, crie um "negócio pirata" fora da sua empresa, já que a empresa-mãe tenderá a engessar a agilidade, a inovação e a criatividade do novo negócio (veja a regra 80: Cultive alguns inimigos).

31

Ofereça "mais" do que o seu cliente precisa

Quando alguém pergunta em uma festa em que tipo de negócio você trabalha, o que você responde?

Aposto que você dá a resposta mais óbvia. Óbvia e errada.

Qual você acha que é o negócio da Harley-Davidson? Motocicletas? Transportes? Nada disso, ela está no negócio de brinquedos.

Quando a Harley-Davidson analisou sua base de clientes, descobriu que eles eram, em geral, homens de 47 anos, com renda de mais de US$ 80 mil. Quando a empresa perguntou por que eles compraram uma Harley, descobriu-se que eles não estavam em busca de um jeito particularmente eficaz de ir ao trabalho. Eles compraram a moto como uma recompensa para si mesmos.

E, quando a empresa analisou a concorrência para o gasto em "recompensa de estilo de vida", os concorrentes não eram outras fabricantes de motos. No Reino Unido, eram jardins de inverno envidraçados. Nos Estados Unidos, piscinas.

Isso não é um mero exercício intelectual. Se você souber exatamente o que os clientes estão comprando de você – as necessidades psicológicas ou as emoções mais profundas deles –, poderá melhorar muito seu modelo de precificação, sua estratégia de marketing e sua distribuição. Foi o que a fabricante de canetas Parker fez quando percebeu que estava no negócio de "presentes", e não apenas de canetas. Diante dessa constatação, ela parou de competir com empresas de canetas, definindo os preços e se promovendo no mercado para competir com empresas de tacos de golfe, seus concorrentes mais próximos.

Entre em ação

- Pare de pensar em funcionalidades oferecidas pelo seu produto ou serviço e comece a se perguntar: "Qual é o maior benefício que nosso negócio oferece aos clientes?".
- Com base na resposta a essa pergunta, identifique os desejos mais profundos dos clientes que a empresa deve satisfazer. Depois, encontre seus verdadeiros concorrentes e vá atrás deles.

EM QUAL NEGÓCIO VOCÊ DIRIA...

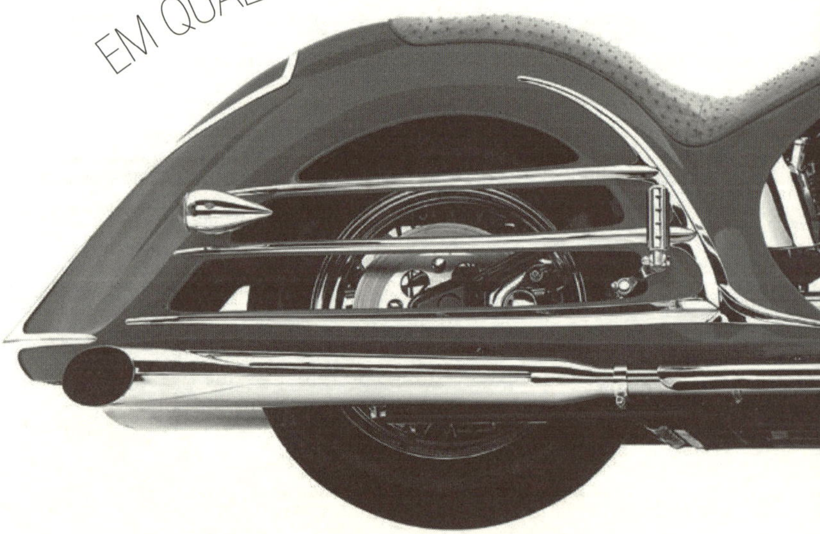

MOTOCICLETAS?

TRANSPORTES?

NADA DISSO, ELA ESTÁ NO...

... QUE A HARLEY-DAVIDSON ATUA?

... NEGÓCIO DE BRINQUEDOS.

32

Durma com o cliente

Você conhece seus clientes? Sabe a idade deles, onde moram e talvez até o tipo de carro que dirigem? Isso não basta. Se quiser chegar à frente dos concorrentes, precisa saber o que faz que eles percam o sono à noite, precisa conhecer as esperanças, os desejos e os medos que nem eles mesmos conseguem expressar direito.

Para fazer isso, algumas das empresas mais pioneiras do mundo passaram a empregar antropólogos. Esses pesquisadores naturalmente "bisbilhoteiros" – que costumam ser encontrados estudando tribos africanas ou da Amazônia – inserem-se na comunidade estudada para desvendá-la a fundo. Quando aplicada aos negócios, essa abordagem pode levar a *insights* extremamente perspicazes.

A P&G descobriu que mulheres de comunidades indianas pobres não queriam necessariamente um xampu mais barato. Ter o cabelo mais brilhante aumenta as chances de encontrarem um marido e, portanto, vale a pena gastar mais para garantir cabelos saudáveis. A Nokia descobriu que seus clientes na Ásia compartilhavam o celular, de modo que incluiu em seus aparelhos agendas de endereço compartilhadas, bem como lanternas para serem usadas em apagões. Querendo saber por que suas máquinas de lavar estavam quebrando tanto, a Haier enviou um pesquisador que descobriu que alguns clientes da China rural também usavam a máquina para lavar batatas. Em vista disso, a empresa passou a produzir tambores mais robustos.

E, para dar ainda outro exemplo, alguns médicos do Reino Unido descobriram que expandir as instalações para permitir "estacionar" carrinhos de bebê levou à redução de cancelamentos de consultas, já que as mães estressadas tinham como levar todos os filhos para uma consulta.

Entre em ação

- Você precisa saber o que mantém seus clientes preocupados, sem dormir à noite. Pode perguntar diretamente a eles ou, melhor ainda, tentar observá-los por um ou dois dias.
- Descubra o que os motiva e quais são suas principais frustrações com os produtos e serviços disponíveis no mercado. Ao ajudá-los a contornar esses problemas, você pode até conseguir um produto ou serviço vencedor para sua empresa.

33

Julgue o livro pela capa

O processo de *design* tradicional funciona mais ou menos assim: os engenheiros inventam um produto, que vai para fabricação, em seguida ao *design* e, por fim, a equipe de marketing se põe a trabalhar em uma embalagem chamativa e na promoção do produto.

O problema é que, como consumidores, somos criaturas superficiais. Ao julgar muitos produtos, acabamos dando mais importância à forma do que à sua função.

Basta perguntar ao homem eleito pela *Harvard Business Review* como o CEO de maior sucesso do mundo. Não, não estou falando de Jobs, mas sim de Yun Jong-Yong. Sob seu comando, a sul-coreana Samsung aumentou sua capitalização de mercado em US$ 127 bilhões, representando um retorno de nada menos que 1.458%.

Jong-Yong conseguiu escapar da "commoditização" da indústria de fabricação de *chips*, na qual todo mundo imita todo mundo, orientando a Samsung ao *design*.

Ele enviou seus *designers* em visitas prolongadas a estúdios de *design* de moda italianos para observar e aprender.

E, preocupado com a possibilidade de que o estilo tradicional de gestão coreano, fundamentado na ordem e em processos, sufocasse a criatividade, ele transferiu o departamento de *design* para longe da sede corporativa.

E, ainda mais importante, Jong-Yong virou o ciclo tradicional de desenvolvimento de produtos da Samsung de cabeça para baixo. Agora o processo começa com os *designers*, que concebem a embalagem e a enviam aos engenheiros para ver como eles podem preenchê-la.

O CEO também preconiza uma atenção implacável ao mais ínfimo detalhe. Um de seus engenheiros de som passou dois anos trabalhando no som exato que um dispositivo deve fazer ao ser ligado.

Como resultado, enquanto os concorrentes japoneses avançam aos trancos e barrancos, a Samsung abocanha lucros superiores a US$ 15 bilhões.

Entre em ação

- Seu processo de *design* deve começar com a equipe de vendas. Promova o diálogo das vendas com o marketing e o *design*. Em seguida, leve o desafio aos engenheiros ou à equipe de produção.
- Mantenha as equipes separadas. Muitas excelentes ideias acabam morrendo na praia porque o pessoal racional, voltado ao processo, tem permissão para surtar cedo demais diante de obstáculos técnicos.

34

Use as pesquisas como um bêbado usa um poste*

Você tem uma nova ideia que acha que vai render à sua empresa a fama e a fortuna que ela merece. O próximo passo costuma ser submeter essa ideia a uma pesquisa de mercado e monitorar os resultados. Mas o mundo seria muito sem graça se todos seguissem esse caminho.

Quando Dietrich Mateschitz contratou uma empresa de pesquisa de mercado para testar sua nova bebida energética, ele ficou chocado com os resultados – eles nunca tinham visto um produto fracassar tão catastroficamente nos testes. "As pessoas odiaram o sabor, o logotipo e a marca", ele recorda. Porém, ele lançou o produto mesmo assim. A bebida foi batizada de Red Bull e hoje é o energético mais popular do mundo, vendendo três bilhões de latas por ano.

O problema é que os participantes das pesquisas de mercado em geral não são muito bem informados. Eles

---

* Ou seja, mais pelo apoio do que pela iluminação.

normalmente não sabem que querem seu novo produto se você não os convencer antes. Como disse Henry Ford: "Se eu tivesse perguntado aos meus clientes o que eles queriam, eles teriam pedido um cavalo mais rápido".

A pesquisa de mercado, em geral, é usada como uma rede de segurança, um jeito de tranquilizar o conselho de administração de que uma nova ideia é mais do que um mero palpite sem fundamento de um inventor maluco que pode levar a empresa à bancarrota. Infelizmente, as melhores ideias muitas vezes requerem um voto de confiança.

Entre em ação

- Não fundamente o sucesso da sua nova ideia em amplas pesquisas quantitativas.
- Se achar que a pesquisa é realmente necessária, conduza-a em um nível micro e profundo (veja a regra 32: Durma com o cliente).
- Se perceber que precisa conduzir pesquisas, principalmente para convencer os céticos, pense em maneiras mais simples de persuadi-los, como comprando uma pesquisa já pronta ou fazendo uma análise de concorrentes.

35

Chegue por último

"A criatividade muitas vezes não passa de um plágio que passou despercebido."

Se você pegar uma revista de negócios ou um livro de gestão, não vai precisar folhear muitas páginas antes de o autor convidá-lo a explorar a "vantagem do pioneirismo". Parece natural que, em uma terra de ninguém, o primeiro a chegar fique com as maiores recompensas. Contudo, os pioneiros acabam com as costas cheias de flechas por uma razão.

O primeiro a chegar ao mercado é o que comete todos os erros. Ele precisa lidar com uma tecnologia que não funciona exatamente como planejado, com clientes que ainda não estão totalmente prontos para a nova ideia ou com uma imprensa cética.

As novas ideias normalmente deslancham quando atingem o famoso "ponto da virada", no qual uma massa crítica de opinião pública passa a apoiá-las. E não raro aquele que chegou primeiro fica a ver navios, assistindo a festa de longe.

Um estudo realizado por Peter Golder e Gerard Tellis, citado na revista *The Economist*, demonstrou que, com o tempo, os pioneiros acabaram com apenas 7% do mercado para seu produto. Embora eles fiquem com os aplausos, os lucros são colhidos por seus imitadores mais pacientes.

Poucos exemplos são mais instrutivos (ou divertidos) que o site britânico Boo.com. Ele entrou no mercado como sendo o futuro do varejo da moda na virada do novo milênio. No entanto, os consumidores ainda não estavam prontos para comprar roupas de grife caras e sofisticadas pela internet e as precárias conexões de rede discada da época não conseguiam dar conta do site da Boo. Enquanto a Boo.com caía de cara no chão, sites mais recentes, como a Net-a-Porter.com, dominaram o mercado.

"Se eu vi mais longe" – escreveu Isaac Newton – "foi só porque estava nos ombros de gigantes". Bom para você, Isaac, mas eu não quero perder minha chance de conquistar a glória porque tem alguém sentado na minha cabeça.

Entre em ação

- Se você identificou uma grande lacuna no mercado, saiba que quem leva o sucesso não é a empresa que tem a ideia, mas a única empresa capaz de implementá-la.
- Adiante-se aos obstáculos e veja se mais alguém está às voltas com eles.
- Siga os pioneiros do seu setor com a intensidade de um falcão. E, quando o mercado estiver maduro para a colheita, chegue com tudo para dominá-lo com sua versão superior.

36

Faça sua equipe criar sob pressão

Pronto para uma sessão de "pensamento visionário"? Será que você está pensando "fora da caixa"? Basta ouvir o termo "criativo" para imaginar sujeitos cabeludos à espera de uma inspiração. Convenhamos, as empresas também não ajudam muito. Ao reformar seu escritório, a BBC instalou "jardins" no meio dos andares para seus "criativos" poderem entrar em contato com o seu eu interior.

Entretanto, acredito que o que mais incentiva a criatividade é um bom e bem colocado pontapé no traseiro.

O cérebro funciona melhor quando está contra a parede. Se quiser algumas ideias espetaculares, precisa de um ambiente de alta pressão. Como um empresário do Vale do Silício falou um dia desses: "Uma crise é uma oportunidade boa demais para ser desperdiçada".

Talvez a maior manifestação do pensamento criativo sob pressão tenha começado no dia 13 de abril de 1970, em Houston. Uma explosão em um dos tanques de oxigênio da *Apollo 13* dois dias depois do início da missão provocou uma perda catastrófica de água, energia e oxigênio na nave espacial. A tripulação de três homens se viu desamparada a 322 mil quilômetros da Terra.

Em Houston, os engenheiros da Nasa chegaram à conclusão de que a única esperança de sobrevivência da tripulação era o minúsculo módulo de aterrissagem lunar. No entanto, eles logo perceberam que, apesar de haver oxigênio suficiente no módulo, ele havia sido projetado apenas para uma curta viagem com duas pessoas, de modo que níveis de dióxido de carbono começaram a se acumular perigosamente. Os engenheiros tinham menos de 24 horas para conseguir uma solução.

Primeiro, eles mandaram a tripulação retirar os filtros de ar de reposição do módulo de comando, mas descobriram que os filtros não se encaixavam nos buracos redondos do módulo lunar. Então, usando apenas os equipamentos e as ferramentas que a tripulação tinha a bordo – inclusive sacos plásticos para levar rochas lunares, papelão, tubos dos trajes espaciais e fita adesiva –, eles conceberam uma solução e enviaram por rádio à tripulação instruções e um conjunto de procedimentos para conduzir o módulo ao redor da Lua, usando sua gravidade como um estilingue para enviar a nave danificada de volta à Terra.

Entre em ação

Se estiver diante um desafio criativo, tente as sugestões a seguir:

- Não comece procurando a solução. Passe algum tempo definindo os parâmetros do problema, inclusive todas as variáveis necessárias para a solução ideal.
- Reúna sua equipe e coloque-a sob pressão. Defina um prazo apertado, não tenha medo de criticar e imponha uns obstáculos a mais para fazer o cérebro das pessoas pegar no tranco.

37

Perca um pouco

"Quem tem uma ideia nova normalmente acabou de abandonar as ideias velhas."

— Edwin Land, fundador da Polaroid

Às vezes, o maior obstáculo à criatividade é tudo o que você já sabe.

Um dos maiores motivadores da natureza humana é o hábito. Uma forte tendência evolucionária explica esse fenômeno, como observa Charles Duhigg, autor de *O poder do hábito*: "Deixado por conta própria, o cérebro tentará transformar praticamente todo comportamento repetido em um hábito, porque os hábitos permitem que nossa mente funcione com menos esforço".

Dada a complexidade do mundo moderno, nosso cérebro foi configurado para impor padrões conhecidos a soluções desconhecidas. Essa abordagem é excelente se você estiver tentando sobreviver na selva. Mas não tão útil se estiver tentando inventar um novo processo de produção.

A tecnologia moderna não está facilitando nossa vida nesse sentido. O "efeito Google", que concentra nossos hábitos de pesquisa e leitura, deixa menos espaço para os prazeres da descoberta casual, como, digamos, um documentário da BBC sobre a geração de eletricidade. E você precisa encontrar maneiras de romper esses hábitos à força.

Um dos maiores centros de inovação do pós-guerra foi o Massachusetts Institute of Technology (MIT). Um ingrediente não intencional de seu sucesso foi a desesperada falta de espaço, que forçou diferentes grupos de cientistas a se apinhar em barracas pré-fabricadas de madeira. O *layout* confuso os levava a se perder com frequência e, enquanto vagavam pelo labirinto de corredores, eles topavam com outros cientistas e laboratórios e se punham a conversar. As invenções do MIT incluem a tecnologia de micro-ondas, a fotografia de alta velocidade e o alto-falante Bose.

Algumas empresas tentaram replicar esse ambiente. Quando comprou a Pixar, Steve Jobs transferiu a empresa a uma antiga fábrica e instalou os banheiros no meio do edifício para que os funcionários de áreas diferentes topassem uns com os outros.

Entre em ação

- Para impedir o cérebro de seguir pelos caminhos de sempre, mude sua rotina. Estacione seu carro mais longe do escritório. Siga por um caminho diferente para o trabalho todos os dias. Almoce em um restaurante diferente e leve um caderno de anotações.
- Deixe espaço para o acaso em sua vida. "Nem todos os que vagueiam estão perdidos", como disse J. R. R. Tolkien.
- Você também pode radicalizar um pouco. Na década de 1940, um pesquisador de Palo Alto tentou viver seguindo um dia de 25 horas. Infelizmente, ele pirou com o experimento.

38

Coloque seu produto em teste na mão do cliente

Por mais aprofundada que seja sua pesquisa e por mais intuitivo que seja seu raciocínio, a inovação requer um salto. E, depois, você fica esperando ansiosamente para ver o que os clientes vão achar da sua ideia e se eles vão ou não comprá-la. Ou você pode vender seu produto antes mesmo de fazê-lo.

É complicado pedir às pessoas que coloquem a mão no bolso e entreguem seu suado dinheirinho para você testar sua proposição. Aprendi essa lição a duras penas. No meu último ano de faculdade, decidi produzir um anuário como os que os norte-americanos fazem. Quando consultei meus colegas no bar, todos eles se entusiasmaram – talvez mais por cortesia do que qualquer outra coisa – com a ideia e também com minha estimativa de preço.

No entanto, quando finalmente montei minha barraca cheia de anuários que acabaram de sair da gráfica, a realidade foi bem diferente. De repente, aqueles US$ 10 eram US$ 10 que eles não teriam para pagar cerveja e pizza e eles se mostraram muito mais exigentes sobre o que queriam de um anuário antes de abrir a carteira. (Felizmente, descobri que os pais eram muito menos exigentes no dia da formatura.)

Então, o que se faz em um negócio maior? Será que é mesmo impraticável lançar um protótipo no mercado?

A gigante da tecnologia Intuit prova o contrário. Ela criou uma "feira" à base de mensagens de texto para os agricultores indianos venderem seus produtos. Em vez de criar todo o sistema, montou um protótipo simples em questão de semanas. Eles mesmos fechavam as negociações à mão, recebendo e enviando freneticamente mensagens de texto. Com o tempo, foram incorporando o *feedback* dos usuários e adaptando o protótipo até terem um modelo ideal. E só então eles construíram o sistema.

Como explicou Scott Cook, o fundador da Intuit: "Às vezes é preciso 'liderar pelos experimentos'. Quando os chefes tomam as decisões, eles o fazem com base em politicagem, poder de persuasão e apresentações de PowerPoint. Mas, quando você toma decisões com base nos experimentos, a melhor ideia tem a chance de provar seu valor".

Entre em ação

- Construa um protótipo simples para um novo produto ou serviço.
- Coloque-o nas mãos dos seus clientes o mais rápido possível.
- Ajuste implacavelmente o protótipo até aperfeiçoá-lo.

39

Procure seus piores clientes

"Não, querida, esse vestido não deixa você gorda." No fundo todos nós sabemos que, se quisermos uma resposta sincera, é melhor não perguntar para as pessoas mais próximas a nós.

E mesmo assim cometemos esse erro dia após dia quando se trata de pesquisas de mercado. Se quiser descobrir o que os clientes realmente pensam da sua empresa, não pergunte aos seus maiores e melhores clientes. É muito melhor procurar os desiludidos e frustrados. Você precisará ir atrás deles, porque eles não vão querer preencher questionários e levantamentos. E isso também deve ser feito pessoalmente. O CEO de uma empresa que conheço liga para seus clientes quando eles estão saindo de uma festa de Natal. Com a língua solta pela bebida, eles lhe dão respostas muito mais sinceras do que fariam se estivessem sóbrios em uma sala de reuniões.

A agência de *design* global Ideo também aconselha as empresas a ignorar seus clientes mais frequentes. Diante da tarefa de criar uma nova escova de vaso sanitário, eles ignoraram as mães suburbanas e foram atrás dos usuários extremos. Eles encontraram uma camareira de Cingapura que limpava 200 banheiros por dia e que chegou a customizar sua própria escova sanitária. A Ideo trabalhou em estreita colaboração com ela para criar uma escova sanitária que hoje rende mais de US$ 200 milhões por ano.

Entre em ação

- Procure os clientes que se afastaram da sua empresa e pergunte o porquê do afastamento.
- Mesmo com seus melhores clientes, tente pegá-los desprevenidos e peça uma opinião sincera, não os lugares-comuns de sempre.

40

Não comece onde você está

Um turista completamente perdido, debaixo de uma chuva torrencial, para na estradinha de terra para pedir orientações a um senhor que está passando a pé. "Por favor, senhor, como eu faço para chegar à capital?" "Bom, meu rapaz, só posso dizer que eu não começaria por aqui", foi a resposta austera.

O problema de ir do ponto A ao ponto C é que, às vezes, você fica atolado no ponto B. Mas e se você começar em C e de lá caminhar em sentido inverso?

O governo indiano queria levar a internet às suas comunidades rurais. Entretanto, a logística de instalar os cabos e montar estações de internet sem fio para conectá-los apresentava um enorme desafio técnico. Foi então que alguém teve uma ideia brilhante. Os aldeões em geral só se interessavam em fazer algumas coisas na internet, como trocar e-mails com parentes distantes ou encomendar remédios. Seis vezes por dia, um ônibus local passa pelas aldeias. Por que não instalar um roteador *wi-fi* portátil no ônibus? Assim, quando o ônibus passa pela aldeia, o sistema atualiza as páginas e faz o *download* de mensagens em um computador comunitário, instalado em uma loja local, que os moradores podem utilizar.

Entre em ação

- Se estiver diante de um problema gigantesco, pare de avançar e tente encontrar de qualquer jeito uma resposta.
- É melhor começar com o problema e tentar repensá-lo em termos mais amplos. Pense no verdadeiro resultado que você precisa, e não na solução que está tentando impor. Depois vá recuando a partir desse ponto.

41

Rasgue seus acordos de confidencialidade

Você tem uma ideia brilhante para um negócio ou produto. A primeira coisa que tenta fazer é proteger seu "bebê" a qualquer custo e não dar um pio a ninguém sem que primeiro assinem um pacto de sigilo.

Eu não faria isso. Se a pessoa for suficientemente motivada para roubar sua ideia, um pedaço de papel não vai impedi-la. Um exemplo disso é a experiência da Apple na China, onde os falsificadores montaram toda uma rede de Apple Stores falsas e nem os funcionários dessas lojas sabiam que os produtos eram pirateados. E, mesmo se você resolver enfrentar os piratas, saiba que o confronto implicará custos em honorários legais e tempo consumido.

Provavelmente você não é o único a ter aquela ideia. A história está repleta de exemplos de surpreendentes descobertas ocorrendo espontaneamente ao mesmo tempo. Charles Darwin passou 20 anos coletando evidências para dar suporte à sua teoria da seleção natural quando, em 1858, recebeu um pedido do biólogo britânico Alfred Russel Wallace para ajudá-lo a publicar a própria teoria da evolução, que, para o grande espanto de Darwin, replicava a teoria dele.

Se quiser chegar à frente dos concorrentes, saiba que sua verdadeira arma não é o sigilo, mas a rapidez com que consegue implementar suas ideias e a cultura de inovação da sua empresa. Você não pode correr o risco de perder o ímpeto ou engessar a cultura protegendo zelosamente suas ideias.

Entre em ação

- Se tiver o que acredita ser uma ideia verdadeiramente nova, defina um prazo para si mesmo.
- Faça o que puder para lançá-la o mais rápido possível e obtenha o apoio do maior número de pessoas para criar um ímpeto irrefreável.
- Não é a melhor ideia que leva o prêmio, mas a pessoa que consegue implementá-la com sucesso.

42

Leve em conta a lei das consequências indesejadas

Os inventores vaidosos podem nem sempre admitir, mas algumas das maiores invenções surgiram por acaso. Por exemplo, tudo o que um cientista pesquisador estava conseguindo inventar era uma cola que não colava muito bem. Um colega ficou com dó e perguntou se poderia usá-la para grudar notas no livro de hinos que ele usava na igreja. E assim nasceu o Post-it.

Os pesquisadores da Pfizer notaram que seu medicamento Sildenafil não estava sendo muito eficaz no tratamento da angina. No entanto, observaram efeitos impressionantes em outras partes da anatomia dos participantes das pesquisas. Assim nasceu o Viagra, que se tornou um dos medicamentos controlados mais rentáveis da história.

Um engenheiro finlandês incluiu em um celular a função de enviar mensagens de texto achando que as pessoas surdas poderiam gostar da função. Essa funcionalidade rendeu às companhias de telecomunicações nada menos que US$ 114,6 bilhões em 2011.

Como diz o ditado, a vida é o que acontece quando você está fazendo outros planos. Você precisa dar a si mesmo o tempo e o espaço necessários para errar e se manter disposto a enfrentar as consequências.

E lembre-se de que a "lei das consequências indesejadas" pode atuar nos dois sentidos. Depois de colocar um xá no comando do Irã, os Estados Unidos acharam que ajudariam lhe dando máquinas de impressão avançadíssimas para imprimir a moeda iraniana. Depois de um golpe político, notas falsas de US$ 100 praticamente indetectáveis inundaram o centro-oeste dos Estados Unidos, obrigando o Tesouro norte-americano a fazer consideráveis modificações no *design* de sua moeda.

Entre em ação

- Deixe espaço para o acaso na sua vida. Não descarte automaticamente os fracassos, mas deixe-os de lado para ponderar sobre eles mais tarde.
- Se estiver fazendo de tudo para chegar a um destino específico, fique sempre de olho nas possíveis repercussões inesperadas de suas ações.

43

Lembre-se de que você é francês

Outro dia mesmo entrevistei um empresário francês que conseguiu expandir sua empresa de eventos, sediada em Paris, atualmente com operações por todo o mundo. Quando perguntei qual era o segredo para fazer negócios em outros países, ele respondeu: "Toda vez que desembarco do avião em um país estrangeiro, digo a mim mesmo: 'Pierre, lembre-se de que você é francês'".

Nossos óculos culturais estão tão perto do nosso rosto que às vezes fica difícil lembrar que os estamos usando. Nossos pressupostos sobre o que os outros consideram valioso ou confiável são tão profundamente enraizados que não só levam a mal-entendidos, como também podem nos impedir de enxergar as oportunidades.

Pode ser uma questão de como fazemos negócios. No Ocidente, seria de esperar fazer amizade depois de trabalhar um tempo juntos. Na China, é o contrário: eles esperam que a amizade resulte em novos negócios.

E, em termos mais básicos, pode ser um jeito diferente de ver a vida. Se você tiver um médico na China, você o paga quando estiver bem, não quando estiver doente. Isso pode parecer um contrassenso para nosso modo de pensar, mas faz muito sentido. Lembre-se da história do vinicultor chinês que, quando zombaram do hábito dele de misturar Coca-Cola ao vinho, retrucou: "E vocês, ocidentais, que colocam leite no chá?".

Entre em ação

- Compre o mapa-múndi australiano que mostra o mundo de cabeça para baixo. Sempre que for ao exterior, dê uma olhada nele e lembre-se de que você tende a ver o mundo pelas lentes de sua herança cultural.

44

Adiante-se às reclamações

Laura Tenison estava internada no hospital se recuperando de um acidente de carro e começou a bater papo com a mulher do leito ao lado. A mulher reclamava que não conseguia encontrar roupas infantis na internet. Depois Tenison ouviu outras mães reclamando que as roupas para gestantes eram deselegantes e de má qualidade. Em vista disso, ao sair do hospital, ela abriu sua empresa, a JoJo Maman Bébé, dedicada a vender roupas estilosas para gestantes na internet.

Todo mundo sabe que as melhores ideias de negócio podem surgir de ouvir por acaso as reclamações de um cliente. O único inconveniente é que, quando chega ao ponto de as pessoas reclamarem abertamente de um problema, é provável que os concorrentes já tenham percebido isso e você terá sorte se conseguir avançar apenas alguns passos à frente.

De acordo com o mandachuva do *design* na Apple, Jonathan Ive, o segredo é *se adiantar* às reclamações. É preciso ser capaz de olhar um produto ou serviço e imaginar que um usuário ideal se frustraria com ele no futuro, mesmo que os próprios usuários não saibam disso agora. Isso reflete o conselho do campeão canadense de hóquei no gelo Wayne Gretzky: "Vá para onde o disco está indo, não para onde ele está agora".

Isso implica não se limitar a olhar para o presente, mas sim imaginar meses ou até anos no futuro e se adiantar às esperanças e às frustrações dos clientes. Agindo assim, você poderá inventar toda uma nova categoria de produtos capaz de renovar seu setor.

Entre em ação

- Entre em um espírito de negativismo. Reúna um grupo de colegas e analisem juntos todos os aspectos do seu setor e do seu negócio.
- Depois, veja se consegue chegar à frente da concorrência, redefinindo o setor à sua imagem e semelhança.

45

Fique *trêbado*

Bêbado, de pileque, de porre... há muitas palavras para descrever uma pessoa embriagada. E acredito que a embriaguez possa ser um caminho para os lucros. Para ser mais preciso, não a parte da bebedeira em si. É bem verdade que ideias malucas podem de repente parecer viáveis depois de dois litros de cerveja na cabeça – como a ideia surpreendente que meu colega teve uma noite de que todo mundo no trabalho deveria dar uns amassos "para não desperdiçar energia no trabalho bisbilhotando a vida um do outro".

É na manhã seguinte que as melhores ideias podem surgir. Não tenho nenhuma evidência científica para corroborar essa hipótese a não ser minha própria experiência. No entanto, em dias "normais", parece que tenho um policial dentro da cabeça que identifica minhas ideias mais bizarras e as censura antes de poderem tomar forma. Acho que todo mundo tem esse policial na cabeça – é o que Freud chamaria de "superego". Imagino o meu como uma rigorosa professora alemã, mas isso é outra história.

De um jeito ou de outro, os efeitos de uma ressaca leve parecem tirar minha professora alemã do ar. E, de repente, tenho uns surtos de fantasia criativa. Mantenho um caderno à mão e deixo minha mente vagar. Penso nos obstáculos que enfrentamos no trabalho e deixo minha imaginação correr solta, sem medo de ser censurado. É o melhor *brainstorming* interior que você pode ter.

E, se você não beber, tente encontrar uma atividade que o coloque nesse mesmo estado de espírito, quando seu lado crítico fica desativado. Costumo entrar nesse modo quando estou correndo ou naqueles momentos evanescentes entre o sono e a vigília.

Entre em ação

- Dois litros de cerveja, um caderno e antiácido.
- Missão cumprida.

46

Acabe com o *brainstorming*

Mesmo se o processo está mais para um "chuvisco" do que para uma "tempestade cerebral", o *brainstorming* tem sido o principal motor da inovação nas empresas desde sua invenção involuntária pelo publicitário Alex Osborn em 1950.

Entretanto, como o expert em criatividade Jonah Lehrer observou, pesquisas empíricas demonstram repetidamente que o *brainstorming* não funciona. Já em 1958, um experimento conduzido na Universidade Yale revelou que os grupos que trabalharam primeiro por conta própria antes de se reunir para trocar ideias produziram o dobro de ideias que os grupos que usaram o *brainstorming*.

O princípio central do *brainstorming* – de não criticar as ideias dos outros – também é problemático. Isso sem dúvida leva a reuniões bastante amistosas, mas as críticas têm um poder enorme.

Se você se limitar a concordar educadamente com qualquer ideia idiota levantada em uma reunião, não estará totalmente engajado. Porém, se quando estiver propondo sua ideia um colega mencionar um obstáculo à sua sugestão, seu cérebro precisará se empenhar um pouco mais. E a qualidade das ideias começa a melhorar.

Entre em ação

Se você quiser aproveitar ao máximo o poder cerebral coletivo à sua disposição – e seria um tolo se não o fizesse –, permita-me apresentar outra abordagem:

- Instrua individualmente todos os membros da sua equipe. Defina o objetivo, mas também explicite os quatro principais desafios que identificou e que precisará superar (embora eles tenham carta branca para discordar de sua análise).
- Peça-lhes que trabalhem individualmente no problema por 40 minutos (esse é o máximo que um cérebro é capaz de se concentrar de maneira otimizada).
- Façam uma sessão juntos para apresentar as ideias. Estabeleça um tempo máximo para essa sessão: não mais que 30 minutos.
- Nomeie um "advogado do diabo". O trabalho dele é facilitar a sessão, mantendo a conversa fluida e impedindo os exibidos de abafar as inspirações mais discretas.
- Comecem apresentando as ideias. Vocês têm todo o direito de discordar uns dos outros, mas devem fazê-lo de uma forma que: a) especifique em detalhes a razão da discordância; e b) apresente desafios, não meras críticas (por exemplo, não dizer "isso nunca vai dar certo e você é um idiota", mas sim "não acredito que daria certo, porque nossos clientes não vão pagar tanto, mas será que teria um jeito de reduzir o preço final?").
- Não tentem chegar a um consenso; o consenso sempre implica fazer concessões. Encarregue uma pessoa de escolher a solução. Cabe a essa pessoa decidir a melhor ideia apresentada e usá-la.

47

Roube com orgulho

Talvez o maior tabu no mundo dos negócios seja o plágio. Por isso, vou roubar essa ideia da celebridade britânica dos negócios, Sir Eric Peacock. Como vários outros grandes empreendedores, Sir Eric passa algumas semanas todos os anos procurando empresas interessantes.

"Eu os convenço a me deixar fazer uma visita e passo um tempo com a equipe de liderança deles", revela Sir Eric. "Depois posso roubar com orgulho, adaptando alegremente as ideias ao meu próprio contexto e implementando-as na prática."

Além de identificar os segredos dos outros líderes, esse mantra do plágio pode ser aplicado a modelos de negócios inteiros. Dá para ver isso na TV, com programas copiados uns dos outros, ou no setor de restaurantes, no qual os novos entrantes são aconselhados a abrir um restaurante ao lado de um concorrente de sucesso.

Talvez os exponentes mais implacáveis, e difamados, dessa abordagem sejam os irmãos Samwer, da Alemanha. Eles clonam implacavelmente ideias norte-americanas de negócios na internet e as replicam rapidamente em países que não falam inglês. Começando pelo Vale do Silício, eles inicialmente acharam que o eBay seria um sucesso na Alemanha e mandaram um e-mail à empresa propondo uma parceria. Como não receberam qualquer resposta, voltaram à Alemanha e começaram do zero. Depois de cem dias com o site no ar, eles o venderam ao eBay por US$ 58 milhões. Eles mesmos explicaram seu modelo: "Um arquiteto faz o projeto e nós construímos".

A imitação pode parecer vergonhosa e até autodestrutiva, mas muito poucas ideias no mundo dos negócios são verdadeiramente originais. Seria ingenuidade ignorar o fato de que o sucesso é atraído às pessoas capazes de roubar com orgulho... e implementar com brilhantismo.

Entre em ação

- Dedique um tempo para sair do seu escritório e ir conhecer os verdadeiros inovadores do seu setor.
- Faça isso com orgulho: encare o encontro como uma grande oportunidade de trocar ideias.

parte

4

Vendas e marketing

48

Pare de fazer sentido

Os consumidores são bombardeados com anúncios e ações de marketing. Se quiser chamar a atenção, você precisa deixar sua oferta absolutamente clara para que eles entendam imediatamente a mensagem. Mas e se o seu anúncio claro se perder no meio de todo o ruído dos concorrentes?

Na década de 1940, os psicólogos descobriram o "efeito Gestalt". Ao receber informações incompletas, o cérebro faz de tudo para impor alguma lógica a essas informações. Quando elas conseguem ser encaixadas em um padrão conhecido, o cérebro as engaveta. Então, o problema com o seu "anúncio claro" é que o cérebro o entende instantaneamente... e o ignora instantaneamente.

No entanto, quando ele encontra uma mensagem que não se encaixa em um modelo mental existente, entra em marcha acelerada. Ele vasculha cada informação como um cachorro agitado tentando passar por uma porta de meio metro de largura com uma vara de um metro na boca.

É exatamente esse efeito que seus anúncios devem ter. E uma mensagem lógica não ajudará em nada nesse caso.

Em uma ocasião, o "pai da propaganda moderna", David Ogilvy, estava tendo dificuldades em vender camisas da Hathaway. Ele tinha um belo modelo e uma mensagem publicitária bem trabalhada, mas a reação foi, sendo positivo, medíocre. Então, ele mandou o modelo fotográfico usar um tapa-olho. Os clientes ficaram intrigados. Como foi que ele perdeu o olho? Foi em um duelo corajoso ou em um momento de bobeira com o grampeador do escritório? As vendas das camisas da Hathaway decolaram e uma lenda da publicidade nasceu.

Ogilvy acreditava que uma mensagem publicitária deve "grudar" no subconsciente das pessoas. E pelo jeito ele convenceu muita gente disso: basta dar uma olhada na enxurrada de propagandas *nonsenses* que temos visto ultimamente.

Entre em ação

- Procure um gancho da sua marca capaz de ficar "grudado" no cérebro das pessoas. Alguma coisa que não faz muito sentido de cara e força o público a se esforçar para entender.
- Suas peças publicitárias devem ter uma execução profissional. Se parecerem amadoras e descuidadas, seus clientes não vão se dar ao trabalho de tentar entender.

49

Não dê opções aos seus clientes

Dizem que o consumidor atual é faminto por opções, sempre em busca de um negócio melhor. Se você não conseguir acompanhá-los e não lhes oferecer uma montanha de alternativas e adicionais, eles o abandonarão. Porém, essa visão não inclui uma verdade mais profunda: os clientes querem opções, mas não querem *ter de escolher*. É difícil decidir.

Sempre que você é forçado a escolher entre duas alternativas, corre o risco de escolher a errada. E isso é estressante. No campo das finanças comportamentais, isso é conhecido como a "teoria do arrependimento".

Como o professor Meir Statman observou no contexto do planejamento de investimentos, se um cliente se vir diante de muitos fundos diferentes para escolher, ele fica com medo de fazer a escolha errada e acaba saindo de mãos abanando. O mesmo efeito é observado quando os investidores se apegam a ações perdedoras por tempo demais ou seguem, feito cordeiros, ondas e modismos.

No entanto, esse efeito também é visto em outros setores. Psicólogos da Universidade Columbia montaram um balcão de degustação de geleias em um supermercado da Califórnia. No primeiro teste, eles ofereceram aos clientes seis geleias diferentes para escolher e, no dia seguinte, os compradores tiveram de escolher entre 24 opções. Os pesquisadores descobriram que, embora mais pessoas parassem no balcão maior, só 3% compravam uma geleia. Mas, quando apenas seis geleias eram oferecidas, 30% dos clientes compravam.

Dessa forma, você deve dar aos clientes a *ilusão* da escolha. Não os pressione a comprar sua oferta. Na verdade, você precisa saber direcionar as decisões deles a uma variedade menor de produtos que gostaria que eles comprassem. Então, depois que fizerem a compra, faça de tudo para tranquilizá-los de que fizeram a escolha certa.

Entre em ação

- Mantenha-se informado sobre as surpreendentes descobertas do campo da economia comportamental – um excelente ponto de partida é o livro *Rápido e devagar*, de Daniel Kahneman.
- Certifique-se de que a sua empresa consiga atingir o equilíbrio certo entre um número ideal de opções e a tranquilidade de seus clientes de que eles fizeram a escolha certa.

50

Aprenda com o Mágico de Oz

Você precisa ser franco e direto com seus clientes se quiser desenvolver um relacionamento duradouro com eles. Contudo, isso não significa que não possa, às vezes, amenizar algo desagradável, tornando-o um pouco mais fácil de ser aceito.

Isso porque os clientes muitas vezes não querem o melhor. Eles só querem o "menos pior". Eles têm medo de tomar uma decisão arriscada, mesmo se souberem que a oferta é boa. E, como a IBM observava em seus antigos anúncios: "Ninguém jamais foi demitido por comprar com a IBM". Os laboratórios da IBM chegaram a pesquisar exaustivamente o tom de azul exato do logotipo para potencializar o efeito de tranquilizar os clientes. Sem apelar para a desonestidade, todos nós temos uma meta ou um modelo ideal em vista.

Quando minha agência de marketing tinha acabado de ser aberta, estávamos tentando fechar um contrato com um grande cliente. O cliente gostou das nossas ideias e nós sabíamos que seríamos capazes de fazer um bom trabalho. Porém, éramos pequenos e o cliente queria visitar nosso escritório.

Então, nós quatro nos pusemos a chamar amigos e parentes para se fazer de funcionários na agência. Uma semana depois, o cliente entrou em um próspero e agitado escritório cheio de pessoas digitando contratos e comprando e vendendo coisas ao telefone. Ele não questionou como nós conseguimos empregar um par de gêmeos ou o fato de alguns "funcionários" estarem sofrendo para manusear um mouse. Todavia, fechamos o contrato, fizemos um bom trabalho e nunca nos arrependemos.

Entre em ação

- Todo mundo quer se sentir seguro. Faça tudo o que puder para tranquilizar seus clientes potenciais.
- Não deixe de incorporar uniformidade à sua marca, inclusive nos pequenos detalhes, como os uniformes da empresa, papéis e envelopes timbrados ou falar mais "nós" em vez de "eu", se você for autônomo.
- Você pode até radicalizar, como o dono de um depósito de armazenamento que, preocupado com a possibilidade de seu negócio não parecer movimentado o suficiente, mandou instalar espelhos.

51

Não participe das redes sociais

A mídia social é a nova onda. Este mês, todo mundo acha que precisa entrar no Pinterest para não ser deixado de fora. Porém, daqui a pouquíssimo tempo, o Pinterest já terá sido suplantado por alguma outra coisa ainda mais deslumbrante.

Você provavelmente já adivinhou aonde estou querendo chegar. Vi uma ótima descrição dessa ideia na revista *Contagious* como "a síndrome do 'não dá para viver sem um...'", ecoando o clamor das empresas entrando em pânico com a possibilidade de ficar para trás.

Você não deveria "fazer" nada, e não "precisa" entrar nas redes sociais. Só tem uma maneira de lidar com as redes sociais – ou com qualquer jeito novo de fazer as coisas. Você só precisa entrar nessa nova onda se for um jeito mais eficiente de fazer algo que já faz.

A Kogi BBQ de Los Angeles é uma empresa de comida itinerante. Como a maioria dos vendedores ambulantes, eles precisam informar aos clientes onde estão.

Então, a empresa usa o Twitter para atualizar os clientes sobre a localização das *vans*, qual é o especial do dia e como está a fila para eles não perderem muito tempo. A empresa tem 54 mil seguidores no Twitter monitorando a trajetória de seu almoço.

Em contrapartida, já vi empresas montando uma rede social em seu site na esperança de que todos os seus clientes e funcionários de repente fossem querer começar a contar tudo o que pensam na internet, mesmo que nunca tivessem mostrado o menor interesse em fazer isso no passado.

Entre em ação

- Diante de uma nova tecnologia, responda à pergunta: "Isso pode substituir com mais eficiência algo que já fazemos?".
- Se a resposta for negativa, dê um sorriso cortês aos fãs da nova onda e siga para o outro lado.

52

Recomende seus concorrentes

A diretora de marketing de uma empresa global me mostrou, orgulhosa, um andar inteiro cheio de subordinados. "Quem é o responsável pela fidelidade do cliente?", eu perguntei. Ela parou para pensar: "Acho que não temos uma pessoa para isso".

As empresas se matam tentando atrair novos clientes e ao mesmo tempo não dão a mínima para seus clientes fiéis já existentes. Em geral, é mais fácil lidar com um cliente existente, já que ele estará disposto a pagar mais e é cinco vezes mais fácil vender para ele. E, ao criar esse vínculo de fidelidade, a moeda mais importante que você tem é a confiança.

Embora a maioria dos clientes já espere que você lhe faça novas ofertas, eles precisam saber que não vai tentar lhes empurrar uma oferta goela abaixo. É inevitável que, em algumas ocasiões, sua oferta não seja a melhor para eles. Quando isso acontecer, faça a coisa certa e diga onde eles podem encontrar uma oferta melhor, mesmo que para isso precise indicar um concorrente.

Com essa atitude, você estará abrindo mão de algum lucro imediato e correndo o risco de seus clientes formarem um relacionamento com o novo fornecedor. No entanto, o vínculo de confiança que você cria com eles ao assumir essa abordagem mais do que compensará os riscos. E eles ainda podem decidir abrir mão da melhor oferta que indicar e ficar com você de qualquer jeito.

Nessa mesma lógica, jamais critique seus concorrentes. Isso cheira a desespero e os clientes podem vê-lo como um hipócrita que ataca por trás. Além disso, seus clientes já podem ter trabalhado com o concorrente e suas críticas podem deixá-los constrangidos. (Dito isso, se *eles* começarem a criticar seus concorrentes, não tem problema nenhum em dar disfarçadamente um sorrisinho.)

Entre em ação

- Calcule o valor potencial do ciclo de vida dos seus melhores clientes se continuarem comprando com você. Isso colocará as coisas em perspectiva.
- Informe sua equipe que o mais importante é a fidelidade dos clientes no longo prazo, mesmo se isso significar abrir mão de vendas imediatas.
- Se sua empresa tiver um ponto fraco, não disfarce. Tente formar uma aliança estratégica com uma empresa que possa satisfazer seu cliente nessa área sem canibalizar seu negócio.

53

Não convença o cliente na apresentação de vendas

Poucos momentos são mais importantes nos negócios que a apresentação de vendas. No intervalo de uma hora, milhões de dólares e o emprego de milhares de pessoas estão em jogo.

Então, se tiver uma grande apresentação de vendas para fazer, você vai se empenhar para arranjar boas referências, orientar sua equipe e ensaiar a apresentação para que, naqueles 60 minutos, vocês possam encantar o cliente potencial.

Porém, estou aqui para dizer que, se entrar naquela sala de reuniões contando que sua capacidade de fazer uma boa apresentação convencerá o cliente, pode tirar o cavalinho da chuva. A verdade é que o destino da maior parte das grandes apresentações de vendas já foi selado muito antes da apresentação em si.

Neil Flett, CEO da Rogen – uma consultoria global de apresentações executivas –, descreve um cliente que foi convidado para fazer uma apresentação de vendas a um grande cliente potencial. Eles trabalharam em três conjuntos de propostas escritas, duas grandes apresentações e uma série de entrevistas até o grande dia.

Apesar de terem feito uma excelente apresentação e possuírem credenciais impecáveis, no fim eles ficaram a ver navios. Mais tarde descobriram que o vencedor tinha montado uma equipe de projeto e já vinha trabalhando com o cliente em projetos relacionados dois anos *antes* do convite para a apresentação. "Nosso cliente pode ter chegado em segundo lugar" – diz Flett – "mas o vencedor já estava bem à frente quando a corrida começou!"

Entre em ação

- Se você não tiver nenhum relacionamento com o cliente potencial, nenhuma chance de desenvolver um relacionamento a tempo e nenhuma ideia do que o cliente pode querer, pense duas vezes antes de aceitar um convite para fazer uma apresentação de vendas.
- Se tiver a oportunidade de fazer perguntas de antemão, não queime essa chance tentando coletar informações que podem ser obtidas de outras fontes. Use-a para mostrar ao seu cliente potencial que você sabe tudo sobre o negócio dele.
- Não se poupe ou guarde as ideias para o grande dia. Sonde o cliente potencial e veja o que ele acha de suas ideias antes da apresentação para que já se convença.

54

Seja breve, seja brilhante e caia fora logo

"Ninguém se interessa com quanto você sabe, até perceber quão interessante você é."

— Ralph Waldo Emerson

Diante de um convite para fazer uma apresentação de vendas, você será tentado a dar tudo de si. Você vai querer envolver o maior número possível de membros da equipe e tentar cobrir todas as eventualidades e possibilidades. Depois vai passar dias ou semanas inteiras tentando colocar tudo isso numa apresentação que não matará seus clientes potenciais de tédio.

Porém, pare um momento para pensar nos pobres coitados do outro lado da mesa. Nossa capacidade de digerir informações não é tão grande quanto se imagina. Uma razoável referência estatística nos é proporcionada pela pesquisa conduzida pelo psicólogo alemão Hermann Ebbinghaus, que mostra que nos esquecemos de 60% das informações aprendidas apenas uma hora depois.

Não é só uma questão de reduzir a quantidade de texto da sua apresentação de PowerPoint ou incluir belas imagens. Pare e pense: qual é a única coisa que você quer que os clientes potenciais se lembrem depois da sua apresentação?

Comece com isso e corte o resto. A decisão mais importante de sua apresentação é o que você deixa de fora.

Talvez a apresentação de vendas de maior valor potencial do mundo seja para sediar as Olimpíadas. Diante da oportunidade, um país que entrou na licitação começou pensando nos integrantes do comitê de avaliação. Sem dúvida, a maior preocupação seria a possibilidade de o dinheiro das Olimpíadas ser desperdiçado com estádios pomposos e caríssimos e prédios construídos às pressas que desmoronariam e deixariam uma mancha na memória dos Jogos Olímpicos. A equipe então elaborou sua apresentação com base no legado que as Olimpíadas deixariam para as crianças daquele país.

Nos dias que antecederam à apresentação, a equipe convenceu várias escolas primárias da nação a "adotar" um integrante do comitê de avaliação. As crianças escreveram cartas explicando como seria importante para elas se seu país tivesse a chance de sediar as Olimpíadas. Na véspera da apresentação, foi deixado um ursinho de pelúcia no quarto de cada integrante do comitê com um bilhete escrito à mão pelas crianças. Quando a equipe começou a apresentação, ela não a abriu com um filme bem produzido ou um discurso presidencial. Começou com as crianças entrando na sala e dizendo, em suas próprias e simples palavras, a diferença que as Olimpíadas fariam na vida delas. Esse país venceu a licitação.

Entre em ação

- Comece planejando sua apresentação não com uma análise do brilhantismo ou genialidade da sua empresa, mas com uma avaliação do que seu público quer ouvir.
- Concentre sua apresentação em não mais que três argumentos simples. Teste-a com estranhos e pergunte, uma hora depois, o que eles acharam.
- Tudo bem se tiver de incluir dados técnicos e informações, mas deixe isso tudo em um apêndice.

55

Não contrate uma agência badalada

Você está levando uma surra dos concorrentes. Eles o estão fazendo parecer chato e simplório. O que você realmente precisa é de uma campanha publicitária revolucionária. Isso quer dizer que precisa contratar a agência mais badalada para montar essa campanha e botar seus novos concorrentes de volta ao lugar deles, não é mesmo?

Na verdade, apesar de as agências de fato contarem com muitas pessoas incríveis e criativas, um fator é mais importante que qualquer campanha: um excelente cliente.

Peça para as agências lhe mostrarem as melhores campanhas que já conceberam e aposto que elas vão desenterrar do fundo da gaveta campanhas que nunca chegaram a ser contratadas.

Muito antes de começar a procurar os criativos badalados, é mais interessante botar a casa em ordem. Você precisa ter orientações bastante claras para dar à agência. Você acha que tem mesmo condições de chegar peitando seus concorrentes e será que pode correr o risco de pagar um belo mico? Você tem a autoridade necessária para contratar essa campanha e, se não tiver, já sondou as pessoas que têm para ver o que elas acham antes, a fim de não ser deixado falando com as paredes quando apresentar sua ideia a um comitê?

Basta dar uma olhada no que fez a Microsoft. Irritada com o estrondoso sucesso da campanha "Mac *versus* PC" da Apple, eles recorreram à requisitada agência publicitária Crispin, Porter + Bogusky para produzir sua campanha de TV de US$ 300 milhões: "Sou um PC". A campanha mostrava que as pessoas comuns usavam PCs, não Macs, mas ela só conseguiu reforçar a conscientização da marca Apple e salientar a diferença entre as duas empresas.

Entre em ação

- Se quiser mudar a personalidade da sua marca, não comece pintando as paredes externas. Comece avaliando com sinceridade quem você é e qual seria uma ambição realista para sua empresa. Se quiser estender suas ambições, concentre-se primeiro na sua cultura.
- Só então poderá pensar em contratar uma agência publicitária. Procure uma que seja um reflexo realista de quem você é, e não que lhe faça dar um tiro no escuro na esperança de ser como um de seus concorrentes.

56

Escreva as letras miúdas em MAIÚSCULAS

A vida é repleta de riscos. Por isso, acredito que deveríamos ser mais sinceros com nossos clientes no que se refere aos riscos e o que poderia dar errado.

Não se preocupe, não vou ficar todo meloso e ético. Deus me livre. Minhas razões para dar essa recomendação são muito mais prosaicas. Você deveria fazer isso simplesmente porque essa atitude vai lhe render mais negócios fechados. O problema é que não aplicamos aos nossos clientes os mesmos padrões que usamos para nós mesmos.

Como compradores, quando estamos diante de uma oferta boa demais para ser verdade, um alarme começa a tocar na nossa cabeça e achamos que SÓ PODE ser uma pegadinha. Porém, mesmo assim, quando tentamos vender nossos produtos, nossa tendência natural é apresentar algo desagradável como uma coisa mais fácil de aceitar e fingir que tudo funcionará perfeitamente. E adivinhe só: os clientes não acreditam em nós!

Então, por que não mudar essa atitude? Depois de explicar sua oferta, conte ao cliente tudo o que pode dar errado. Como Ted Wang, um advogado da Califórnia, disse para a revista *Inc.*: "Às vezes, quando circulo uma proposta aos investidores, coloco em letras maiúsculas e em negrito: **VOCÊ PODE PERDER TODO O SEU DINHEIRO!** Se as pessoas não se sentirem à vontade com isso, elas simplesmente não devem investir".

E, então, a coisa mais estranha acontece. Nosso cérebro foi configurado para encontrar soluções para os problemas. Se você diz que tudo será um mar de rosas, o inconsciente da pessoa automaticamente começa a procurar os espinhos. No entanto, se apresentar os problemas de cara, o processo é invertido e a pessoa se põe a pensar em como contorná-los. Com isso, o cliente acaba vendendo a si mesmo sua ideia.

Entre em ação

- Tente ser mais moderado nas suas promoções e apresentações.
- Coloque, já no começo, em letras maiúsculas, o que você normalmente tentaria enterrar no final, em letras miúdas. Seja direto e sincero. Os clientes vão deixar os problemas de lado e se concentrar na sua oferta sem desconsiderar automaticamente todos os seus argumentos de vendas.

57

Seja chato

Não deixe que os criativos tomem as rédeas das suas apresentações de vendas.

Pergunte a qualquer criativo e ele vai sempre querer fazer alguma coisa nova e inusitada. É isso que os motiva e lhes rende prêmios. Na maioria das vezes, essa vontade toda é fantástica. Porém, às vezes, é a última coisa de que você precisa.

Você deve conhecer profundamente seus clientes e saber o que eles estão comprando. Será que estão comprando a glória e os tapinhas nas costas nas cerimônias de premiação? Ou será que só querem poder pagar as contas no fim do mês?

Ouvi vários executivos contarem que os clientes potenciais chegam pedindo "alguma coisa inovadora". Entretanto, quando eles a oferecem, os clientes rejeitam a ideia porque "nunca ninguém tentou fazer isso antes". Como disse uma vez um executivo: "Se alguém chegar aqui me pedindo alguma coisa inovadora de novo, vou dar na cara dele".

Nem todo mundo sabe disso, mas o mercado editorial tem uma regra que diz que todo livro de negócios precisa incluir um caso curioso sobre Richard Branson, o lendário fundador do Virgin Group. Então, segue o meu: o célebre empresário queria administrar a Loteria Nacional do Reino Unido. Como seria de esperar, ele tentou vender a ideia de uma nova e empolgante "Loteria do Povo" e se pôs a gerar badalação. Porém, ele se esqueceu de que precisava convencer os funcionários públicos. Essas pessoas não viam vantagem alguma em todo o alarde que Branson estava criando, mas, se ele pisasse na bola, elas teriam muito a perder. Então preferiram fechar com os concorrentes sem graça, porém seguros, de Branson.

Entre em ação

- Tente identificar as esperanças e os temores do seu cliente potencial e tente vender sua oferta com base nisso.
- Mas você precisa ser um chato de galochas. Um pouco de audácia e magia na apresentação pode dar um toque especial até à oferta mais sem graça.

58

Faça materiais promocionais ilegíveis

Então, você bolou uma oferta irresistível para seus clientes. É claro que quer comunicá-la com clareza para que eles a entendam com o mínimo de esforço, não é mesmo?

Surpreendentemente, é mais eficaz fazer o contrário. Da mesma maneira como os anúncios óbvios entram por um ouvido e saem pelo outro (veja a regra 48: Pare de fazer sentido), uma mensagem fácil demais produz exatamente o mesmo efeito.

Para testar essa hipótese, pesquisadores da Universidade Princeton pediram que dois grupos de voluntários lessem o mesmo texto. Uma versão era clara e fácil, mas na outra os pesquisadores deliberadamente reduziram o tamanho da fonte e usaram a Comic Sans, uma letra difícil de ler. Quando testado mais tarde, o grupo que recebeu o texto difícil se lembrou 14% mais do conteúdo do texto.

Ou seja, quanto mais a pessoa tem de se esforçar para digerir as informações, mais essa mensagem ficará gravada na memória.

E a "teoria da sinalização" também entra em ação nesse caso. Da mesma forma como as mulheres gostam quando os homens lhes dão uma roupa, um perfume ou flores, e não eletrodomésticos, se você emburrecer seu material publicitário para que até uma criança de sete anos com TDAH (transtorno do déficit de atenção e hiperatividade) consiga entender, estará sinalizando aos seus clientes que não vale a pena perder tempo lendo sua mensagem.

Entre em ação

- Leve seus clientes a sério. Se o que você tem a dizer é importante, não emburreça a mensagem. Deixe que eles façam um esforço a mais.
- Agora, veja bem: isso não é desculpa para escrever de qualquer jeito ou não caprichar na formatação. Como disse Einstein: "Faça as coisas o mais simples possível, mas não mais simples que isso".

59

Incentive os doidos da empresa

À medida que nos tornamos cada vez mais insensíveis às mensagens de marketing, uma fonte se mantém confiável: a recomendação pessoal de alguém em quem confiamos. Apesar do que os gurus do marketing podem prometer, isso não se compra. É bem verdade que as redes sociais podem agilizar o processo de recomendação, mas convencer os clientes a clicar em um botão "Curtir" não é a solução.

Uma pesquisa publicada no site do World Advertising Research Centre mostrou que apenas 0,5% dos clientes se envolvem ativamente com as marcas que "curtem" no Facebook. Em vez de ser "curtido", por que não transformar seu negócio em algo que provoca elogios entusiásticos dos clientes?

É interessante começar com um nível pessoal de paixão que beire a obsessão. Vejamos o exemplo dos carros esportivos da Morgan Motor Company, uma empresa britânica. O camarada que quiser comprar um dos carros personalizados à mão com detalhes em madeira é obrigado a desembolsar uma bolada de depósito e ainda esperar até um ano para receber o carro. Entretanto, não faltam entusiastas dispostos a esperar satisfeitos e pagar uma fortuna por um carro "artesanal".

Mas você não precisa vender bens de luxo. Murray Lender é reconhecido por fazer que os Estados Unidos se apaixonassem pelo *bagel*. Sua paixão levou o humilde pão em forma de rosca feito na padaria de seu pai ao *status* de alimento básico nos Estados Unidos. Ele ficou mudo em virtude de um AVC, mas nem isso impediu sua missão evangelizadora, que incluiu compor canções aos representantes de vendas.

Você também pode incorporar paixão às suas ofertas. Criar clientes fanáticos por sua marca não é só uma questão de proporcionar "100% de satisfação", mas de criar momentos de encantamento. O jeito mais simples de começar a fazer isso é prometer menos e entregar mais. Entregar o pedido alguns dias antes e incluir adicionais é exatamente o tipo de coisa que leva o cliente a sair falando bem de você.

Entre em ação

- Não se desculpe por ser um *nerd* em relação ao seu produto. Seu entusiasmo é contagiante (mesmo quando as pessoas começam a se afastar de você cautelosamente nas festas).
- Procure os "momentos da verdade" dos clientes, quando eles realmente vivenciam seu produto ou serviço (por exemplo, ao fazer o *check-in* no seu hotel). Pense no que você pode fazer para transformá-los em momentos de encantamento para os clientes.
- Conte sua história. As pessoas compram pessoas, então, deixe-as entrar no seu mundo.

COMECE COM UM NÍVEL...

QUE BEIRE A

PESSOAL DE **PAIXÃO...**

OBSESSÃO.

60

Crie uma crise

O processo tradicional de vendas se concentra em deixar seu cliente à vontade. Você se empenha para entendê-lo, criar uma relação de confiança e garantir que está fazendo a escolha certa. Ou você pode optar por deixá-lo morrendo de medo.

Da mesma forma como ter tempo demais para concluir um projeto leva as pessoas a postergar sua conclusão – como descobri quando recebi uma extensão de prazo de um mês para entregar o manuscrito deste livro –, às vezes, vale muito a pena forçar os clientes a pensar rápida e intuitivamente sobre uma compra.

Talvez o maior expoente dessa arte seja a Beanie Babies, popular linha de bichinhos de pelúcia norte-americana. Ignorando os primeiros críticos que apelidaram os produtos de "bichos atropelados na estrada", pois eram moles e fofos, Ty Warner conhecia muito bem o poder de escassez.

Ele se pôs a promover o *status* de "produtos disputadíssimos" para seus Beanies Babies trabalhando apenas com lojas específicas e restringindo deliberadamente o número de produtos que cada loja podia comprar – 36 de cada modelo por mês. Se o produto se esgotasse em uma loja, os fãs precisariam esperar mais um mês.

Em seguida, Ty intensificou ainda mais a pressão "aposentando" alguns modelos. Os preços dos Beanies dispararam desenfreadamente quando os colecionadores perceberam o valor da escassez. Alguns modelos passaram a ser vendidos por até US$ 6 mil (os mesmos bichinhos de pelúcia originalmente vendidos a US$ 5). As vendas continuaram a decolar quando os fãs, sabendo que alguns modelos poderiam ser parados de fabricar a qualquer momento, tentavam botar as mãos no maior número possível de Beanies.

Como se tudo isso não bastasse, Ty tinha mais um truque na manga: em agosto de 1999, ele anunciou que a empresa pararia de produzir os Beanies Babies às 23h59 do dia 31 de dezembro daquele ano. Isso levou os clientes, em pânico, a um *frenesi* de compras. Ty acabou se compadecendo e disse a eles que poderiam impedir a extinção dos Beanies se votassem na internet para salvá-los, o que, claro, fizeram obedientemente.

Tudo isso pode parecer crueldade, mas lembre-se de que, em 1999, a Ty suplantou a Mattel e a Hasbro e se tornou a maior fabricante de brinquedos nos Estados Unidos.

Entre em ação

- Embora não haja honra alguma em recorrer a táticas de vendas duvidosas, mantenha em mente que a escassez aciona um instinto primitivo de acumulação na mente dos consumidores.
- Você pode apontar para uma autêntica escassez na produção do seu produto ou serviço. Ou convencer seus clientes a se apressar comentando o que os outros clientes já estão fazendo para conseguir aquele produto.

61

Cale a boca

"Resolvemos dar uma apimentada nos prêmios de vendas deste mês. Como vocês já sabem, o melhor vendedor leva um Cadillac Eldorado. Alguém quer ver o prêmio do segundo lugar? O segundo lugar ganha um conjunto de facas. O terceiro lugar vai para o olho da rua."

— Blake, no filme *O sucesso a qualquer preço*

Se quiser fazer um curso rápido de técnicas de vendas tradicionais, veja Alec Baldwin aterrorizando sua equipe de vendas em *O sucesso a qualquer preço*. Você precisa gravar a lição na sua memória. Deve dominá-la a ponto de conseguir executá-la com as mãos nas costas. Para cada objeção, já deve ter uma seleção de respostas bem ponderadas. A cada passo do cliente, você está atrás, empurrando-o para fechar o negócio.

E é justamente por isso que seus clientes ficam com o olhar vidrado quando você fala sem parar em um surto de verborragia. É por isso que eles não atendem suas ligações. É por isso que eles não se atrevem a pôr os pés na sua loja.

Suas respostas incisivas e suas técnicas engenhosas de vendas não estão dando certo. Você precisa calar a boca e ouvir seus clientes, porque eles têm algumas coisas interessantes a dizer. Além do mais, eles estão de saco cheio de você tentando convencê-los a fechar uma venda. Na verdade, quanto mais você tenta, mais eles se afastam. Os vendedores do século 21 deixam os clientes venderem para si mesmos.

Da Wikipédia ao TripAdvisor, estamos surfando na onda do que o autor Clay Shirky apelidou de "excedente cognitivo". Os consumidores não são mais carneiros passivos a serem direcionados à sua oferta. Eles querem participar da criação da solução.

Para conquistá-los, apresente suas ideias semiacabadas, seu ponto de partida, e não suas respostas pensadas e repensadas. Em seguida, tente envolvê-los na cocriação e personalização das soluções que eles desejam.

Aprendi essa técnica com um professor de inglês. Em um momento de péssima administração de prazo, "enchi linguiça" em um trabalho usando uma citação literal de algo que ele tinha dito na aula daquele dia. Imagine minha surpresa quando o trabalho voltou com a nota máxima e o comentário: "Adorei seu ponto de vista!".

Entre em ação

- Crie uma estrutura de vendas que dê aos seus clientes espaço para customizar as próprias soluções.
- Você tem dois ouvidos e uma boca – use-os nessa proporção.

62

Dê a cara à tapa

Você se lembra daquele moleque na escola? Ele parecia não ter nada de especial, nem beleza nem inteligência, mas sempre acabava com a menina mais bonita.

Por mais que você se empenhe em lapidar seus argumentos de vendas e marketing, aprenda uma lição com aquele menino na escola: você vai conseguir mais beijos sendo persistente do que sendo perfeito.

O fator mais importante nas vendas é o *timing*. Isso significa que, nesse jogo, o que mais vale é a quantidade e, embora você possa levar um ou outro tapa aqui e ali, os vencedores são aqueles que continuam ligando e que aprendem a não levar a rejeição pelo lado pessoal. Basta perguntar a Walt Disney.

Quando leu o romance *Mary Poppins*, Walt soube que a história daria um filme fantástico. Ele entrou em contato com a autora, Pamela Travers, mas ela lhe deu um "chega pra lá". Ela acreditava que um filme jamais faria jus à sua criação, muito menos um filme feito por um homem que, na época, só tinha experiência com desenhos animados.

No entanto, Walt era um sujeito persistente. Ele passou os 16 anos seguintes viajando dos Estados Unidos à Inglaterra para convencê-la. Até que ela acabou cedendo. O filme resultante ganhou cinco Oscars, foi indicado em mais oito categorias e é um clássico até hoje.

Entre em ação

- Ajuste a taxa de acerto dos seus contatos de vendas. Se não estiver fracassando pelo menos 50% das vezes, não está se empenhando o suficiente.
- Se estiver começando a ficar deprimido com as contínuas rejeições, descubra o que o incomoda nelas. Depois analise por que os clientes estão se recusando a fechar negócio com você. Não é que eles não gostam do seu charme. Provavelmente, eles não percebem uma necessidade, se preocupam com o custo ou o *timing* está errado. Trabalhe para minimizar essas razões.

63

Anuncie na sua testa

Vivemos em um mundo repleto de ruído:

- Todos os anos, as empresas do Reino Unido gastam mais de US$ 65 bilhões em marketing direto.
- 70% do tráfego de e-mails do mundo é composto de *spams*.
- Os consumidores veem 3 mil mensagens de marketing por dia.
- Atualmente, o Google faz busca em mais de 8 bilhões de páginas da web.

É uma tarefa ingrata tentar comprar o reconhecimento para sua marca. Você precisará investir muitos anos e muitos milhões de dólares para martelar sua mensagem no subconsciente dos seus clientes. E, quanto mais insistimos na abordagem da marreta, mais os clientes resistem.

Tudo bem seguir por esse caminho se você for uma multinacional global. Porém, se não for esse o caso, precisará ser criativo.

Para romper a cacofonia do ruído gerado pela concorrência, terá de se destacar. E um jeito de fazer isso é transformar o meio na mensagem.

Assoberbados com uma dívida estudantil de US$ 80 mil, Ed Moyse e Ross Harper – dois formandos da Universidade Cambridge – tiveram a ideia brilhante de vender espaço publicitário no próprio rosto. Eles abriram um negócio que chamaram de "Buy My Face" – compre meu rosto – e qualquer um podia pagar algumas centenas de dólares para ter sua empresa anunciada no rosto da dupla de amigos por um dia. As pessoas também podiam ver os anúncios no site deles. Até agora, a dupla já ganhou mais de US$ 50 mil.

A gigantesca consultoria contábil PwC estava buscando se estabelecer no setor de organizações sem fins lucrativos. Em vez de comprar espaço publicitário, eles compraram um antigo quartel de bombeiros ao lado de sua sede e alugaram o espaço para empreendimentos sociais, como uma incubadora de negócios.

Entre em ação

- Qual é a *essência* da marca da sua empresa? Pensando em termos visuais, como você poderia dar vida a esses valores no mundo real e não apenas no papel?
- Inspire-se nos outros. Você poderá encontrar alguns excelentes livros e sites sobre o "marketing de guerrilha".

64

Finja sinceridade

"Tenha um bom dia", entoa o adolescente com jeito de chapado ao lhe entregar seu Mega Burger.

"Tudo bem por aqui?", resmunga a garçonete estressada assim que você dá a primeira bocada.

De todas as "norte-americanizações" arrepiantes incorporadas à nossa cultura, a simpatia forçada do pessoal de "atendimento ao cliente" sem dúvida é a mais vilipendiada. Ninguém vai a um restaurante para fazer amizade com os garçons. Nós só queremos um atendimento impessoal, sem frescuras nem embromação, não é mesmo? Mas parece que esse não é bem o caso.

Viajo muito a trabalho e, sempre que entro em uma filial da rede britânica de *fast-food* Prêt A Manger, fico impressionado com o jeito casual e solícito como sou atendido pelos funcionários, que fazem uma brincadeira ou perguntam como vai meu dia.

Entretanto, isso não acontece por acaso. A Prêt A Manger desembolsa cerca de US$ 16 milhões por ano enviando uma equipe de clientes disfarçados a cada filial, toda semana, para monitorar o atendimento ao cliente.

Os funcionários são incentivados a oferecer um copo de água em um dia quente ou elogiar os brincos. E, para garantir a sinceridade dos comportamentos, a equipe é recompensada de acordo. Bônus em dinheiro são concedidos a equipes, não a indivíduos. Quando um funcionário atinge uma meta, ele deve transferir os *vouchers* de bônus excedentes ao colega que mais o ajudou. Os recém-contratados também são avaliados pelos colegas, que ajudam a decidir se eles devem ou não ser mantidos na empresa. Em uma bela reviravolta, agora eles estão exportando esse modelo às suas lojas nos Estados Unidos.

E quanto à técnica do "Tudo bem por aqui?", ouvi dizer que isso só é feito para que você não seja obrigado a esperar até o fim da refeição para reclamar e impedir que possa pedir seu dinheiro de volta.

Entre em ação

- Certifique-se de que sua equipe tenha algo a ganhar ou perder compartilhando o sucesso e as recompensas do desempenho da equipe toda. Em seguida, dê a chance de avaliar os colegas e votar para manter ou não os recém-contratados.
- Pense na possibilidade de usar clientes disfarçados para monitorar a interação dos seus funcionários com os clientes.

parte 5

Equipe

65

Pague o seu pessoal para sair

Você se mata para manter sua equipe feliz e impedi-la de abandonar o navio, mas a retenção de pessoal, especialmente entre os funcionários da Geração Y, não é mais como antigamente. "Se você quer lealdade", dizem os *experts*, "arranje um labrador".

E, considerando que pode custar até US$ 8 mil para encontrar, recrutar e treinar um novo funcionário, o pessoal que lhe der as costas ainda pode lhe deixar uma grande conta para pagar.

Você precisa saber desde o início que os novos funcionários estão comprometidos com o trabalho. Então, por que não colocá-los à prova?

No processo de transformar a Zappos em uma varejista bilionária de calçados na internet, Tony Hsieh sabia que encantar os clientes com um atendimento espetacular seria o "toque mágico" do sucesso da empresa. Então, durante o prolongado programa de treinamento e iniciação, Tony oferece a qualquer novo empregado US$ 2 mil para sair. Como ele explica: "É essencial saber desde o começo se um funcionário não aderiu à nossa visão. Faz muito sentido econômico testar esse comprometimento".

Uma prova do sucesso da visão da Zappos é que 97% dos novos funcionários recusam a oferta.

Entre em ação

- Não deixe de passar um tempo com seus novos contratados convencendo-os da visão e do "toque mágico" do seu negócio.
- Ofereça a eles um incentivo financeiro para sair no período de experiência. Esse comprometimento da sua parte será recompensado pelo comprometimento dos seus funcionários.

66

Não recompense um desempenho excepcional apenas com dinheiro

Na última década, o Reino Unido teve o maior aumento da desigualdade na distribuição de renda em toda a história. Parece que hoje a prática comum é, para reter seus "talentos", oferecer quantias cada vez maiores a fim de impedir os mais inquietos de abandonar o barco.

No entanto, a verdade mais prosaica é que o dinheiro não é um bom motivador. Em seu fantástico livro, *Motivação 3.0,* Daniel Pink menciona uma pesquisa conduzida por economistas do MIT e financiada pelo Banco Central Norte-Americano que demonstrou que, para os "trabalhadores cerebrais" (em oposição aos trabalhadores puramente manuais), uma maior recompensa financeira levou a um desempenho pior. Existe um mínimo que você precisa pagar, uma quantia que, segundo Pink, "tira o dinheiro da equação". Contudo, além disso, o pagamento adicional não apenas não leva a um melhor desempenho como pode causar comportamentos errados.

O que os trabalhadores do conhecimento mais valorizam são três fatores: autonomia, domínio de suas tarefas e um senso de propósito mais profundo no trabalho.

Entre em ação

- Certifique-se de que o salário oferecido seja justo. Você pode não conseguir acompanhar os empregadores mais generosos do seu setor, mas pague o suficiente para que seus funcionários não se sintam explorados.
- O dinheiro não é o único jeito de recompensar um desempenho excepcional.
- Pense em implementar ações como "Tempo Livre para se Divertir", ou faça seu pessoal trabalhar em algum projeto criativo interessante, sem considerar as possíveis aplicações imediatas dos resultados no seu negócio.
- Feito isso, saia do caminho deles.

67

Contrate alguns babuínos

No reino animal, os babuínos querem dominar tudo. Obcecados pelo *status*, andam emprumados por aí com o peito estufado e um orgulho exagerado do grande traseiro vermelho. Bem parecido com os vendedores.

Os vendedores tendem a botar o resto da empresa em maus lençóis. Eles não seguem as regras e podem ser arrogantes, insensíveis, prepotentes, gananciosos e preguiçosos. Porém, sem eles, seu negócio não vale nada. Eu mesmo sou um vendedor e digo isso com o maior respeito.

Ouvi falar de uma proeminente editora de revistas que estava fazendo das tripas coração para manter seu melhor vendedor satisfeito. Desrespeitando todas as políticas no trabalho, ele já tinha conseguido convencer a empresa a comprar um Porsche para ele usar no trabalho. Mas depois decidiu que queria um Lamborghini.

Depois de o diretor financeiro gritar e espernear, a empresa decidiu comprar o carro que o vendedor queria. Enquanto todos admiravam o novo carro, o diretor-geral estendeu as mãos pedindo as chaves do Porsche. O vendedor o olhou diretamente nos olhos e disse: "Mas quem falou que era para ser uma *troca*?".

A situação ficou insustentável e a empresa demitiu o vendedor. Então, ele montou uma editora, vendeu a empresa por US$ 100 milhões e está aposentado nas Bahamas.

Entre em ação

- Você precisa contratar os piores babuínos de toda a selva. De preferência, é melhor ter dois ou mais, já que eles são naturalmente competitivos.
- Esteja preparado para desconsiderar o manual dos funcionários da sua empresa, contanto que eles continuem apresentando um desempenho espetacular.
- Mantenha-os bem longe dos outros funcionários.

68

Não recrute com base na experiência

Você precisa contratar uma pessoa para um cargo vital na sua empresa. Do outro lado da mesa está um sujeito que já fez o mesmo trabalho para um concorrente. Ele se encaixa perfeitamente em sua vaga. É bem verdade que talvez ele não seja capaz de fazer milagres, mas seria uma aposta segura.

Mas não faça nada ainda. Dá para entender que não queira arriscar. Provavelmente não tem tempo para treinar alguém do zero ou esperar até a pessoa pegar o jeito no trabalho. Mas não se esqueça: as habilidades podem ser treinadas, mas a atitude não. E é essa atitude que vai decidir o sucesso ou o fracasso da sua empresa.

Em 1972, um rapaz de Liverpool, na época com 16 anos, queria ganhar algum dinheiro, mas não encontrou emprego na região. Então, ele foi para Londres e conseguiu um emprego em uma filial da cadeia de supermercados Tesco. Ele começou reabastecendo a máquina de chá e café e foi promovido a repositor de prateleiras e zelador. "Pareceu-me um local bom para trabalhar, mas um pouco rudimentar", ele recorda.

Quando se aposentou da Tesco em 2011, aquele mesmo rapaz, condecorado como cavaleiro da Coroa Britânica, recebendo o título de Sir Terry Leahy, já tinha transformado a Tesco de um mero seguidor a um dos maiores varejistas do mundo, com lucros de US$ 3,3 bilhões.

Ao contratar um funcionário "recauchutado" de um concorrente, você corre o risco de ele vir cheio de maus hábitos que precisarão ser desaprendidos. Ele também pode achar que a função que você tem a oferecer não lhe proporciona muitos desafios, o que é fundamental para um bom desempenho.

Além disso, é muito motivador para os funcionários trabalharem em uma empresa que promove o próprio pessoal em vez de contratar de fora, uma empresa na qual uma pessoa pode subir da base até o topo da pirâmide por meio da própria capacidade e na qual a gestão não se deixa deslumbrar por "celebridades" vindas de outras empresas.

Entre em ação

- No processo de seleção, não deixe de verificar a atitude do candidato.
- No caso de um candidato experiente, tente descobrir se ele não se entediaria com a função que você tem a oferecer.
- Será que um rapaz motivado não poderia liderar sua empresa? Se não, o que o impede?
- Elabore planos de carreira para todos os funcionários mais vitais da sua empresa. Exponha-os a situações de grande risco e responsabilidade sempre que possível.

69

Esqueça a grande ideia

Muitas empresas estão em busca da cura para o câncer. Todas querem uma ideia inovadora revolucionária que prometa transformar o setor. Isso pode até fazer bem para o ego, mas definitivamente não é muito bom para o saldo bancário.

O tipo mais útil de inovação é muito menos pomposo que isso. São pequenas ideias que passam despercebidas, para melhorar processos ou embalagens, e que podem acabar poupando milhares de dólares à empresa. Na maioria das vezes, elas surgem no chão de fábrica, não na sala da diretoria.

Veja o exemplo do operário que poupou à fabricante britânica de fósforos Swan Vesta milhares de dólares ao recomendar a seus empregadores que eles só precisavam colocar a lixa em uma lateral da caixa de fósforos, e não em duas.

É bem possível que sua empresa já esteja cheia de ideias para economizar; você só precisa encontrar um jeito mais eficiente de identificá-las do que a caixa de sugestões.

Em 2008, a Mayo Clinic descobriu que os custos estavam excedendo a receita. Diante disso, a clínica recorreu ao seu pessoal para ajudar a resolver a situação por meio de um website de ideias administrado pelos próprios funcionários. Um departamento demonstrou que desligar aparelhos elétricos não essenciais poderia poupar US$ 900 mil e outro departamento transferiu os diretórios de funcionários para a intranet, poupando mais US$ 100 mil.

Entre em ação

- Estabeleça às suas equipes a meta de poupar determinada quantia todos os anos.
- Analise os processos para identificar, avaliar e reconhecer essas melhorias.
- Mesmo que ninguém reclame de ganhar um bônus em dinheiro, pense em outras recompensas para as melhores ideias.

70

Dirija um calhambeque

Você se deu bem. Conseguiu subir ao topo por mérito próprio. Você merece um luxuoso e reluzente carro novo de presente. E eu garanto que será o carro mais caro que você vai comprar. Você jamais teria tido tanto sucesso sem sua equipe. Eles se mataram em seu nome para fazer da empresa o que ela é hoje. Vocês estão todos no mesmo barco, trabalhando para atingir um objetivo em comum, e de repente você aparece dirigindo um Porsche novo. Como acha que isso vai afetar a motivação do seu pessoal?

Não estou dizendo que não deveria desfrutar das conquistas do seu trabalho duro e se dar uma recompensa por todos os riscos que correu. Tudo o que estou dizendo é que o aumento que você terá de dar à sua equipe ou a queda subsequente de desempenho pode acabar lhe custando milhares de dólares. Fiquei de queixo caído quando li a respeito de um empresário que recompensava o melhor funcionário da semana com a oportunidade de dirigir seu carrão de luxo pelo estacionamento da empresa.

E o que você acha que seus clientes vão pensar? Um antigo concorrente nosso entrou no estacionamento do cliente, um órgão do sistema público de saúde, dirigindo seu ostentoso Jaguar. Porém, sob o olhar invejoso das pessoas espiando pelas janelas, ele errou a curva e arranhou o carro em um muro.

É muito melhor copiar a declaração de missão de uma jovem agência de *design*: "Macs, não Mercedes".

Entre em ação

- Se você quiser se dar um presente, pratique o "consumo discreto". É muito melhor comprar um veleiro deixado discretamente em uma marina do que um carro esporte ostensivo no qual as pessoas têm vontade de cuspir sempre que você estiver preso num congestionamento.
- Ou exercite o autocontrole; a realização é sua própria recompensa. Pode ser mais interessante reinvestir seus lucros na sua empresa para garantir um negócio duradouro.

71

Tire o seu nome da porta

"Bote seu nome na porta e os problemas aparecerão."

— Ditado do condado britânico de Yorkshire

Basta ver qualquer programa norte-americano de TV para saber que alguém chegou lá quando ganha a sala envidraçada em um andar alto. Os norte-americanos medem seu valor pela distância da tacada de golfe que você consegue dar em sua sala. No entanto, assim que você finalmente se muda para sua fortaleza à prova de som, os problemas começam a chegar.

Um jornalista trabalhava em um artigo comparando redes de supermercados do Reino Unido. Ao visitar a matriz das diferentes varejistas, ele era recebido pelo protocolo-padrão utilizado pelas grandes empresas, forçado a abrir caminho por uma intimidante fortaleza corporativa, passando por vários vassalos antes de finalmente encontrar o senhor feudal.

Sua última parada foi na Tesco. Depois de uma longa viagem de carro partindo de Londres, ele chegou à discreta matriz da empresa, na região rural de Cheshunt. E, esperando na porta para recebê-lo, estava o próprio CEO da Tesco. "Bem-vindo ao mundo das pessoas comuns!", brincou o Sir Terry Leahy, explicando como a equipe da matriz corporativa era obrigada a botar as mãos na massa e ajudar nas movimentadas lojas na temporada de Natal.

Como comprova o excelente desempenho da Tesco, há muitos benefícios em abandonar as salas luxuosas e se enfiar nas trincheiras com suas tropas. Você fica mais perto dos seus clientes. Você pode ouvir conversas e ter uma ideia mais concreta da situação.

Sua equipe refletirá seu comportamento se puder vê-lo em ação (o que é bom, desde que não fique sentado com os pés na mesa e um charuto em uma mão e um copo de uísque na outra). Você pode impedir a formação de panelinhas e facções. E pode identificar, sem precisar depender de relatos de terceiros, os funcionários empenhados e os que só "empurram com a barriga".

Entre em ação

- Coloque sua mesa no meio da equipe de atendimento ao cliente ou vendas.
- Se necessário, use fones de ouvido ou algum tipo de aviso quando não quiser ser perturbado.
- Você pode usar uma sala para conversas delicadas.

72

Seja um pacifista na guerra pelos talentos

"Sempre invisto em negócios que possam ser administrados por qualquer idiota, porque, mais cedo ou mais tarde, é o que vai acontecer."

— Warren Buffett

Hoje, nenhuma empresa que se preze tem "funcionários", elas têm "talentos". Pelo que parece, para sobreviver, você tem de vencer na "guerra global pelos talentos" a fim de atrair e reter o melhor pessoal que puder pagar. Contudo, na verdade, sua empresa deveria ser capaz de sobreviver com o mínimo de talento possível para cada cargo.

Se sua empresa precisar de pessoas especiais e possivelmente insubstituíveis para fazer cada trabalho, seu problema não é só o "talento". O problema é que você não tem uma empresa, tem uma cooperativa.

Para crescer, uma empresa não pode depender de um golpe de sorte. Ela precisa de uma maneira replicável e sistemática de fazer as coisas. Qualquer pessoa deve ser capaz de preencher vagas nesse sistema. Você pode recrutar profissionais de um nível inferior e ajudá-los a crescer dentro da empresa à medida que aprendem o trabalho.

Isso não significa que você tenha de contratar pessoas sem personalidade e usá-las como se fossem engrenagens no seu sombrio mecanismo satânico. Todavia, sua empresa pode ser um campo de teste para os talentos em ascensão, onde você pode treinar e desenvolver a próxima geração de estrelas.

Um exemplo surpreendente é o Barcelona Futebol Clube. Em vez de gastar milhões de dólares atraindo craques de todo o mundo, o Barcelona conta com talentos locais treinados em sua academia de futebol, a La Cantera. Os meninos, alguns com apenas oito anos, entram na academia e, quando fazem 14 anos, são transferidos para a La Masia, uma casa de fazenda convertida bem ao lado do estádio Camp Nou da cidade. O Barcelona, possivelmente um dos melhores times de futebol do mundo, planeja ter 50% da equipe proveniente da academia - poupando-lhes uma fortuna na compra de jogadores de outros times. Para ter uma ideia, a academia produziu jogadores como Fabregas, Iniesta e Messi.

Entre em ação

- Dê uma olhada no seu escritório. Se cinco dos melhores talentos pedissem demissão hoje, sua empresa seria capaz de sobreviver?
- Comece documentando os sistemas da sua empresa e verifique se eles poderiam ser replicados por outros funcionários.
- Monte uma academia de treinamento na qual os novatos brilhantes podem entrar e aprender até poderem trabalhar na sua empresa.

73

Mande sua equipe para casa

Você quer que sua equipe seja mais produtiva? Mande-a para casa mais cedo. Se você perguntar à maioria dos gestores qual é o melhor jeito de avaliar a eficácia de seus subordinados diretos, eles começarão a falar dos resultados que conseguem realizar – o *output*. No entanto, se der uma olhada no modo como a maioria dos funcionários de fato é avaliada, verá que é pelo *input* – as horas trabalhadas e o esforço que fazem.

Então, você acaba com um ambiente de trabalho no qual ninguém se atreve a sair mais cedo. Em que as horas extras são vistas como uma medalha de honra e uma maneira de subir pelo pau de sebo da hierarquia. Já ouvi falar de empresas onde as pessoas compram dois paletós – um para vestir e o outro para deixar pendurado no encosto da cadeira, para o chefe achar que elas estão sempre no escritório.

Entretanto, algumas empresas esclarecidas estão migrando para o modelo ROWE – *Results Only Work Environment*, ou algo como "ambiente de trabalho baseado apenas em resultados" –, no qual os funcionários recebem o controle completo das horas trabalhadas. Um excelente exemplo da aplicação dessa nova filosofia é a varejista norte-americana de eletroeletrônicos Best Buy. Com o ROWE, a empresa teve um aumento médio da produtividade de 35% nos departamentos em que o modelo foi adotado. Ela também aumentou a retenção de funcionários em 27%. Além disso, o sistema baseado só em resultados expôs o pessoalzinho que só vinha empurrando com a barriga mas que sabia manipular a política do escritório.

De forma similar, a Red Frog, uma empresa de eventos de Chicago, dá aos colaboradores dias ilimitados de licença com a condição de que o trabalho seja sempre feito e que eles sejam substituídos no trabalho.

Entre em ação

- Comece tratando seus funcionários como adultos. Defina claramente os resultados esperados, tanto em quantidade como também em qualidade.
- Depois dê às pessoas a liberdade de definir as próprias horas de trabalho.
- Ao mesmo tempo, identifique os vagabundos. Pode ser muito desmoralizante para uma equipe ver os "politiqueiros" ganhando as mesmas recompensas que os empenhados.

74

Não delegue, abdique

Muito poucas pessoas nascem sabendo delegar. Para a maioria dos gestores, "delegar" é pegar uma pilha enorme de pastas e jogá-la na mesa de um subordinado.

Entretanto, delegar de verdade é dar ao subordinado autoridade para trabalhar do jeito que ele achar melhor. E essa responsabilidade é algo que você tem de arrancar das mãos de um gestor como quem tira a arma ainda quente dos dedos frios de um pistoleiro morto.

Eu sou péssimo em delegar. Meus piores exemplos são em reuniões com clientes, quando um colega está fazendo uma apresentação e eu o interrompo para fazer alguma correção. Eu posso até dizer "Na verdade, acredito que podemos entregar em três semanas", mas o que o cliente ouve é "Não confio na minha equipe" e o que o colaborador ouve é "Não estou pagando você para pensar por conta própria".

Se delegar direito, corre o risco de a pessoa cometer alguns erros. Porém, se for pensar em como você era no começo, vai se lembrar de que também cometeu esses erros. Se não quiser cair duro de estresse antes da hora, precisa deixar os colegas aprenderem a duras penas e se beneficiar das valiosas lições ensinadas pelos fracassos. Se você passar o tempo respirando no cangote deles, eles nunca se darão ao trabalho de assumir a responsabilidade.

Não se esqueça da simples regra: se parecer difícil e assustador, isso é delegar.

Entre em ação

- Desde o começo, delegue a alguém a total responsabilidade pelos resultados de um projeto.
- Deixe que a pessoa o procure para mais informações, mas tente não lhe dar conselhos o tempo todo, só pergunte o que ela decidiu.
- E saia de férias.

75

Livre-se da rede de segurança

É muito bom ter gurus entusiasmados nos dizendo que precisamos sair da zona de conforto e correr riscos maiores. Todavia, enquanto a economia se recupera do choque da crise do crédito, embora queiramos estimular as novas iniciativas, a última coisa de que precisamos é ter mais rebeldes arriscando destruir não só a si mesmos, mas também suas empresas e economias inteiras.

Então, agora o pêndulo oscilou para o outro lado. As listas de verificações e os regulamentos nos âmbitos das finanças e dos negócios tentando conduzir o cavalo foragido de volta ao estábulo estão cada vez maiores. Porém, se realmente queremos que os negócios sejam mais seguros, precisamos nos livrar das redes de segurança.

Muitos dos piores excessos da crise do crédito foram cometidos porque os bancos acharam que tinham removido os riscos. "Já superamos a era das altas e dos colapsos!", proclamou Gordon Brown, sem perceber que estava sentado numa bolha prestes a estourar.

Em 2001, o engenheiro de tráfego holandês Hans Monderman decidiu adotar uma abordagem diferente.

Ele acreditava que as placas de advertência, semáforos, barreiras de proteção, meios-fios, redutores de velocidade etc. não apenas eram desnecessários, como também podiam pôr em perigo as pessoas que deveriam proteger.

Para testar sua teoria, ele convenceu a prefeitura da cidade de Drachten a remover praticamente todas as formas de controle de tráfego, desde semáforos até barreiras de proteção, rotatórias e meios-fios, do centro da cidade. O *hub* de tráfego do centro da cidade só era distinguível por um círculo elevado de grama no meio e algumas belas fontes.

Um ano depois, a teoria já tinha se provado correta. Apesar do aumento do tráfego, os congestionamentos foram reduzidos e o número de acidentes caiu para a metade. O truque favorito de Monderman era fechar os olhos e andar de costas até o círculo central, atravessando a rua movimentada. O tráfego se abria como o Mar Morto ao seu redor e ele passava sem ser tocado. Em entrevistas, motoristas e moradores disseram que parecia que o trânsito sem as proteções ficou mais perigoso. Monderman se deleitou: "Se eles não se sentissem menos seguros, teríamos mudado os planos imediatamente". Sem se sentirem "protegidos" por forças externas, motoristas e pedestres tiveram que assumir mais responsabilidade pela própria segurança.

Entre em ação

- Faça uma auditoria de riscos na sua empresa.
- Conscientize sua equipe desses riscos, mas deixe claro que a responsabilidade é deles. (É claro que isso não quer dizer que você não pode ter um plano B secreto, para o caso de alguma eventualidade...)

NÓS PRECISAMOS NOS LIVRAR

DA REDE DE
SEGURANÇA.

76

Demita logo

Sou um fã das leis trabalhistas. Elas o forçam a pensar duas vezes antes de demitir um funcionário. O simples fato de você não ir com a cara de um colega não lhe dá o direito de demiti-lo. As leis trabalhistas o forçam a deixar de ser volúvel e a encarar o problema.

Porém, há uma exceção. Mesmo com todos os processos do mundo, às vezes você percebe que acabou de cometer um erro de contratação. Mesmo se fez mais de uma entrevista com o candidato, há um limite do que pode descobrir em apenas duas horas. E, usando o clichê "O problema não é com você, sou eu", é provável que ninguém seja o culpado da situação. A pessoa simplesmente não se adapta tão bem à função quanto você pensou.

Nesse caso, precisa agir com decisão e afastá-la. A situação não vai melhorar em um passe de mágica e, quanto mais tempo a pessoa for mantida na empresa, mais danos causará, para si mesma e para você. Os outros membros da sua equipe também precisam saber que estão lá por mérito e não só porque você é covarde demais para afastar os desajustados.

Certa vez, convenci um bom amigo meu a largar um emprego seguro e trabalhar como vendedor para mim. Ele era um vendedor fantástico, mas descobri que ele não se dava bem fazendo ligações de vendas não solicitadas. Eu logo percebi que tinha cometido um erro terrível. Passei semanas à espreita, tentando convencê-lo com meus poderes de Jedi a pegar o telefone e ligar para algum cliente potencial. Finalmente, levei-o para almoçar e lhe disse que não estava dando certo. Foi um grande alívio para nós dois e ele logo arranjou um emprego que lhe deu muitas oportunidades que não teria comigo.

Entre em ação

- No recrutamento, não poupe esforços para definir com muita clareza e detalhes o perfil do cargo desejado e certifique-se de encontrar não apenas as habilidades, mas também as atitudes e a personalidade necessárias.
- Monte um abrangente processo de admissão. Nas primeiras semanas, questione o candidato para ver se ele se encaixa bem no cargo. E, se não se encaixar, aja logo.

77

Contrate os deficientes

Eu bem que achei que este título fosse chamar sua atenção.

Muita gente acha que deveríamos ter pena dos deficientes. Porém, se eu sofresse de alguma deficiência, não gostaria que alguém me desse um trabalho só por dó.

No mundo dos negócios, todas as empresas precisam de uma vantagem. Ao longo deste livro, mostrei como pensar e agir de um jeito diferente pode criar grandes oportunidades a serem exploradas. Então, por que não procurar as habilidades especiais que pessoas com capacidades diferentes, que chamamos de "deficientes", podem oferecer?

Quando o filho Lars foi diagnosticado com autismo, Thorkil Sonne entrou em uma espiral de preocupação. Pessoas com desordens do espectro autista em geral têm dificuldade de interagir com os outros e de reagir a mudanças, o que lhes dificulta manter um emprego.

No entanto, enquanto observava seu filho de sete anos reproduzindo, de cabeça, um complexo diagrama, Thorkil teve um *insight*. Em seu trabalho na área de TI, sabia que muitos *bugs* passam despercebidos nos testes de *software*, que as pessoas em geral consideram enfadonhos demais. Os autistas, porém, tendem a demonstrar uma enorme atenção aos detalhes e uma memória excepcional. Eles poderiam ser excelentes nesse trabalho.

A empresa que ele criou, a Specialisterne, hoje emprega 60 pessoas, sendo que 45 delas são autistas. Eles se recusam a operar como uma instituição de caridade e competem de igual para igual com os rivais colhendo grandes lucros com seu diferencial inigualável.

Entre em ação

- Pare para pensar sobre quais habilidades e talentos especializados poderiam se transformar em uma vantagem competitiva no seu negócio.
- Não se limite a procurar colaboradores "comuns", mas busque a vantagem resultante de ser especial (sem ser condescendente).

78

Incentive os sindicatos

A experiência britânica com os sindicatos não tem sido muito boa. No decorrer da segunda metade do século XX, muitos sindicatos alavancaram seu poder coletivo para extorquir altos salários ou práticas de trabalho inviáveis de empregadores intimidados. Não faltam histórias de sindicatos da indústria gráfica nos anos 1970 se recusando a adotar novas tecnologias ou impondo rigorosas restrições de tarefas para seus integrantes. Hoje, os "condutores" do metrô de Londres ganham mais de US$ 100 mil dólares ao ano para operar trens em grande parte automatizados e recebem um bônus de US$ 1.500 só para ir trabalhar durante as Olimpíadas.

Mas não precisa ser assim. A potência industrial da Alemanha causa inveja no resto do mundo, apesar de uma abordagem altamente coletivizada das relações industriais. Os trabalhadores recebem automaticamente o direito a uma cadeira nos conselhos de representação de seus empregadores. Muitas indústrias terceirizam a negociação coletiva para definir os salários de seus trabalhadores. No entanto, essa postura levou esses profissionais a concordar em manter os salários baixos e, com isso, assegurar uma vantagem competitiva enquanto os custos trabalhistas decolavam em outros países europeus, da Grécia à França.

Um dos segredos do sucesso da Alemanha provém da união das organizações com base em um objetivo em comum que, muitas vezes, transcende os objetivos individuais imediatistas ou tacanhos. Elas estabelecem uma visão de como todos os membros da sociedade se beneficiarão do sucesso de uma empresa.

Isso também requer que os gestores sejam comedidos nas próprias recompensas. Como explicou um diretor-geral alemão: "É importante que os proprietários não sejam gananciosos e estejam dispostos a fazer mais concessões". Compare isso com a mentalidade do tipo "o vencedor leva tudo" que, pelo que tudo indica, leva cada indivíduo a maximizar seus ganhos pessoais. Já seria de esperar que esse tipo de postura resultasse numa sociedade marcada por antagonismos e disputas.

Entre em ação

- Defina e articule um objetivo em comum na sua empresa que vá além dos próprios interesses imediatistas.
- Uma vez que os interesses de todos estiverem alinhados, deixe que sua equipe decida como participará desse sucesso.
- Não deixe de ser comedido.

79

Demita o fundador

Os empreendedores são pessoas incríveis. Eles são capazes de criar oportunidades praticamente do nada e contribuem com uma tenacidade fora do comum para concretizar essas oportunidades enfrentando todos os obstáculos.

Entretanto, nem toda empresa precisa da presença dos fundadores. Para começar, você só precisa de um deles. Dois rebeldes tentando seguir em direções opostas só vão conseguir dividir a empresa. Você precisa de clareza e os funcionários precisam saber a quem se reportar. Também seria interessante mantê-los isolados. A mente sanguinária que impulsiona as vendas pode causar grandes estragos se ficar à solta entre os funcionários.

Além disso, eles só são valiosos em uma fase específica do desenvolvimento de uma empresa. Quando vocês conseguem passar do brutal campo de batalha do mercado aos vales verdejantes e ensolarados nos quais o sucesso se fundamenta em cultivar os clientes e sustentar os lucros, os talentos dos empreendedores possivelmente deixam de ser tão valiosos.

As empresas de capital de risco são famosas por sua frieza quando se trata de decisões como essas. Das mais financiadas por companhias de capital de risco listadas pelo *Wall Street Journal* em 2010, menos da metade ainda tinha o fundador no comando.

Dá para ouvir você gritar daqui: "Mas e o Steve Jobs?". Ele ficou famoso pelo segundo ato de maior sucesso da história. Porém, essa é a definição de um segundo ato. No primeiro ato de Jobs, a Apple encalhou na praia. Foi só depois de fazer uma pausa em sua carreira que ele foi capaz de "dar um *restart*" na empresa de um jeito diferente.

Entre em ação

- Muitos aspectos do seu negócio não precisam do "toque de um empreendedor". Mantenha o fundador longe deles.
- Se você for o fundador, pondere a melhor hora de se afastar. Tire um ano sabático ou vá lançar um novo produto.
- Uma organização precisa de equilíbrio, mas isso não significa que deva contratar apenas pessoas equilibradas. Só não deixe de criar um sistema para canalizar o poder dessas pessoas.

80

Cultive alguns inimigos

"Ninguém gosta da gente e a gente não liga!", proclamava o famoso hino do Millwall Futebol Clube, de Londres, nos anos 1970. E, como expliquei à minha filha que veio me procurar chorando, nada une mais um grupo no *playground* infantil que dizer a alguém que ele ou ela não pode fazer parte da turma.

Com efeito, a ausência de um inimigo em comum pode destruir a coesão de um grupo. Os julgamentos das bruxas de Salem são vistos por alguns como um grupo desunido em busca de um novo inimigo em comum para unir o grupo na batalha, como fizeram quando lutaram para estabelecer a primeira comunidade diante da perseguição religiosa.

No mundo dos negócios, é melhor ser um pirata do que a Marinha. Você só precisa identificar seu inimigo.

A cervejaria escocesa BrewDog segue essa filosofia à risca. Fundada por James Watt e Martin Dickie para combater "as corporações multinacionais sem personalidade, genéricas e monolíticas que fazem uma cerveja insípida e patética", ela se baseou na atitude da pirataria a cada passo do caminho. Criticados severamente pelos legisladores por vender uma cerveja forte demais, reagiram lançando uma cerveja "para babás", com apenas 1,1% de teor alcoólico. Quando uma cervejaria alemã superou a cerveja mais forte da BrewDog, ela reagiu produzindo uma cerveja com teor alcoólico de 41%, "de derrubar cavalo". Também promoveu "o menor protesto do mundo": um anão levando um cartaz na tentativa de mudar a lei para permitir que a cerveja fosse servida em um jarro de dois terços de um litro. E venceu a batalha.

Contudo, a coisa toda é mais profunda que uma mera badalação de marketing. A fim de levantar fundos para uma nova fábrica de cerveja, ela ignorou os conselhos de seus assessores e se voltou aos clientes. Por meio de um esquema apelidado de "financie um *punk*", levantou US$ 3,5 milhões em novos financiamentos e recrutou uma nova frota de piratas.

Entre em ação

- Identifique quem é a "Marinha" do seu setor. Melhor ainda se eles forem uma organização maior ou um conglomerado presunçoso.
- Se notar, horrorizado, que sua empresa é a Marinha, crie uma equipe pirata secreta capaz de dar conta do recado e subverter aos poucos sua empresa, de dentro para fora.

parte 6

Finanças

81

Pague a si mesmo 2 mil dólares por hora

À medida que sua empresa cresce, dá para entender que você queira se manter barato e acessível. O mesmo pode ser dito se for um colaborador; você não precisa forçar um salário inflacionado que o deixará de fora do mercado ou o levará a ser visto como um "Robin Hood às avessas", que enche os bolsos com o suado dinheirinho dos colegas.

Essa maneira de pensar é louvável, porém equivocada. Se você se subestimar, sua empresa jamais vai crescer. Você precisa descobrir qual é seu verdadeiro valor.

O custo mais importante da sua empresa é seu "custo de oportunidade". Esse termo foi cunhado pelo economista Friedrich von Wieser em 1914, que o definiu como "o verdadeiro custo de uma atividade medido em termos do valor da próxima segunda melhor alternativa da qual se abriu mão".

Você acha mesmo que passar uma hora no trânsito levando pessoalmente a encomenda do seu cliente lhe poupará US$ 50 de motoboy? Não, se você poderia ter passado essa mesma hora fazendo contatos de vendas que poderiam render US$ 50 mil à sua empresa. Na tentativa de economizar US$ 50, na prática você perdeu US$ 4.950.

Entre em ação

- Siga estes simples passos para calcular quanto deveria estar ganhando por hora.
  1. Calcule quanto você quer que sua empresa cresça este ano.
  2. Divida esse valor por 1.920 (o número médio de horas trabalhadas por ano).
  3. Esse é o "custo de oportunidade" de uma hora do seu trabalho.
- Agora analise cada tarefa que realiza na sua empresa. Qualquer coisa que fizer que valha menos que esse valor você deve delegar ou pagar alguém para fazer. Pode parecer um custo no curto prazo, mas é o único jeito de sua empresa crescer.
- A surpresa é que você nem precisa ganhar essa quantia. Porém, você precisa saber esse valor. E, se não levar isso a sério, não se espante quando perceber daqui a alguns anos que continua no depósito encaixotando pedidos.

82

Estoure o limite dos seus cartões de crédito

Você tem uma nova e brilhante ideia de negócio. Então, você se tranca em uma sala para lapidar seu plano de negócios e bota o pé na estrada a fim de apresentar sua ideia a investidores-anjo e capitalistas de risco e levantar a pequena fortuna da qual precisa para levá-la ao mercado.

Aceite este conselho de Mark McCormack, autor de *What they don't teach you at Harvard Business School*: "Quanto maior for o capital inicial necessário para abrir um negócio, menores são as chances de ele decolar".

O melhor é lançar sua ideia estourando o limite de alguns cartões de crédito. Seu contador e seus amigos provavelmente vão lhe dizer que essa é uma péssima ideia para levantar o capital inicial para seu negócio. Não seria melhor arranjar um financiamento mais sustentável, de longo prazo e barato para bancar seu crescimento?

É verdade, mas isso ignora o fato de que o elemento mais vital para uma *startup* é espaço e tempo para tropeçar um pouco no começo. Nesse tempo, você observa seus clientes e descobre o que eles *realmente* querem do seu produto ou serviço. Com muito dinheiro no bolso, é bem provável que torre tudo em decisões que podem se revelar completamente equivocadas para seu negócio. Tarde demais!

Um ano depois de registrar o Google.com, Sergey Brin e Larry Page tinham cerca de 10 mil usuários, mas não tinham armazenamento computacional para fornecer um serviço rápido o suficiente. Um dia, encontraram discos rígidos à venda no atacado por um bom preço, mas estavam com a grana curta. Em vez de fazer um financiamento, eles estouraram o limite de seus cartões de crédito, dos cartões dos amigos e dos pais até terem dinheiro suficiente para comprar 120 unidades de disco rígido. Um ano depois, o Google dava conta de 500 mil buscas por dia e Brin e Page conseguiram fechar um financiamento de US$ 25 milhões com condições muito melhores. E, em 2010, a empresa lucrou nada menos que US$ 29,3 bilhões.

Entre em ação

- Comece com poucos fundos. Se tiver uma boa ideia, use seus cartões de crédito se precisar; você vai comprar o tempo necessário para testar as coisas.
- Quando conseguir provar que a ideia é viável e já tiver conquistado um bom fluxo de pedidos, pode pensar em procurar os bancos com o chapéu na mão pedindo um empréstimo a fim de reforçar seu negócio.

83

Não empreste 10 mil dólares ao seu irmão

Eu adoro meus irmãos (tenho três) e minha irmã. Eles me mimaram muito na infância e sei que posso contar com eles se precisar. Eu daria um rim a qualquer um deles, mas, se me pedissem US$ 10 mil emprestado, pensaria duas vezes.

No entanto, todo dia os executivos emprestam montantes muito maiores que esse para desconhecidos. Lembro-me de que, no meu primeiro negócio editorial, apareci na gráfica com uma maleta cheia do rico dinheirinho que consegui juntar implorando, bajulando e ameaçando meus clientes. O gerente da gráfica me disse: "Tudo bem, você pode pagar só no mês que vem". Quase caí de costas e por pouco não entrei no bar mais próximo para comemorar com minha maleta de dinheiro.

Sempre me espanto ao ver como as pessoas dão a novos clientes generosos prazos de pagamento de um mês ou mais e ainda por cima deixam de cobrá-los quando eles atrasam porque "é assim que a coisa funciona".

Não estou sugerindo que deva forçar todos os clientes a pagar em dinheiro mediante a entrega do seu produto ou serviço. Só não seja preguiçoso e não saia por aí distribuindo crédito para quem bater à sua porta. Seja implacável ao negociar suas condições de pagamento do mesmo jeito que você faz com seu preço. Só dê crédito quando valer a pena, quando o cliente conquistou sua confiança ou está disposto a pagar mais por isso.

Se quiser um curso rápido para aprender como fazer isso, tente vender alguma coisa a um comprador profissional da Índia. Como um deles me disse orgulhoso: "Nós sabemos muito bem como pressionar nossos fornecedores!". Eles usam todas as técnicas possíveis para fechar um bom negócio, como avaliar todos os custos e esfregar qualquer custo injustificado na sua cara, usar o silêncio como uma técnica de negociação ou fingir grosseria. E, quando finalmente "chegarem a um acordo", você ainda precisará suar a camisa para receber o pagamento.

Entre em ação

- Descarte quaisquer "condições padrão de pagamento" da sua tabela de preços e faturas.
- Não dê crédito automaticamente aos novos clientes a menos que não dê para fechar o negócio sem isso.
- Negocie caso a caso e só lhes dê crédito quando tiverem conquistado sua confiança.

EU ADORO MEUS
IRMÃOS.

Eu daria um **RIM**

A QUALQUER UM
DELES,

MAS,

SE ELES ME PEDISSEM

DEZ MIL DÓLARES

emprestado,

eu pensaria

DUAS

vezes.

84

Venda a preços exorbitantes

Um dia desses me peguei rindo sozinho quando enchi o carrinho de supermercado com uma oferta imperdível de frango a US$ 1. Mas, a caminho do caixa, comecei a me preocupar. Que tipo de vida aquele frango deve ter tido? Quais custos eles tiveram de cortar para conseguir vender um frango por US$ 1? E eu estava prestes a servir esse frango aos meus filhos. Não me espantaria se um dia eles acordassem com um belo par de seios ou uma terceira orelha.

O preço não é só uma questão de ser ou não financeiramente possível. O preço é um indicativo incrivelmente poderoso de muitos valores subconscientes.

Um excelente exemplo disso são os "bens de Veblen". Batizado em homenagem a Thorstein Veblen, economista e cientista social norte-americano que, em 1899, cunhou o termo "consumo conspícuo", os bens de Veblen são *commodities* como perfumes e relógios que se tornam mais desejáveis quanto mais caros são.

"Tem de ser muito otário para cair nessa!", você pode pensar. Porém, recentemente a hipótese de Veblen foi corroborada pela imagiologia cerebral de ressonância magnética. Usando essa tecnologia, pesquisadores do California Institute of Technology monitoraram o cérebro de pessoas que provaram uma taça de vinho. No entanto, quando os participantes foram informados de que uma taça do vinho custava US$ 45 dólares, a parte do cérebro que registra o prazer ficou mais ativa. A experiência concreta de prazer foi intensificada pelos sinais subconscientes que o cérebro estava recebendo.

O preço é um sinal poderosíssimo. Exportadores franceses de conhaque descobriram isso na China, onde o *status* social é extremamente importante. Para você ter uma ideia, as pessoas usam o crachá do trabalho até no fim de semana para mostrar que têm um bom emprego ou deixam as etiquetas do lado de fora do terno. Artigos de luxo são valorizados muitas vezes não só pelo seu valor intrínseco, mas pelas mensagens que enviam. Então, ao vender o conhaque, os varejistas deixam deliberadamente uma garrafa na prateleira superior, que sempre é vendida por um preço absurdamente alto.

Entre em ação

- Você já pensou em quais sinais seus preços enviam sobre sua empresa?
- Apesar de não ter de entrar no mercado de luxo necessariamente, oferecer alguns itens de prestígio a preços exorbitantes pode enviar aos clientes uma mensagem valiosa sobre a qualidade de suas ofertas.

85

Não tente compensar o tamanho da sua masculinidade

"Quando você está com tudo, todo mundo quer ajudar", contou-me um empresário de sucesso, "mas, durante todo o tempo que levei para chegar lá, ninguém nunca me ofereceu uma mãozinha".

Cultivar o crescimento orgânico de uma empresa pode ser um longo e tortuoso caminho. É tentador pegar um atalho e crescer por meio de aquisições. Ao adquirir um concorrente, você ultrapassará os outros em um único salto e ficará entre os líderes.

Antes de começar a fantasiar com os aplausos e os louros da vitória e pensar em redecorar seu novo escritório, dê uma olhada nas estatísticas:

- 83% das fusões analisadas não conseguiram produzir qualquer benefício relacionado a valor ao acionista (KPMG, 1999).
- Um estudo de 150 grandes empresas levou a *Business Week* a concluir que a metade delas na verdade destruía o valor ao acionista.

- Nos primeiros oito meses após uma aquisição, a produtividade de ambas as empresas normalmente cai até 50% (Huang & Kleiner, 2004).

Muitas aquisições são motivadas apenas pela ambição, pelo ego e, possivelmente, pela remuneração, e não pela lógica fria e calculista. As aquisições, vez após vez, são fechadas ao preço errado, na hora errada e pelas razões erradas. Para os corajosos, há excelentes oportunidades de comprar em tempos de vacas magras ("A melhor hora de comprar é quando tem sangue nas ruas", como diz Warren Buffett). Porém, na maioria das vezes, o ego fala mais alto.

Entre em ação

- Se estiver pensando em comprar em vez de construir, questione suas motivações. Melhor ainda, deixe esse questionamento a um "advogado do diabo".
- Conteste todas as suas premissas. Ao calcular o preço, inclua na equação o custo de uma queda de 50% na produção e de 40% dos clientes e funcionários saindo porta afora. Ainda vale a pena fazer a aquisição?
- Em vez de partir para a aquisição, contrate mais vendedores.

86

Diga "não" ao dinheiro barato

Ao negociar um empréstimo com seu banco, é interessante pedir o mínimo possível e estar preparado para abrir mão do empréstimo se o banco se recusar a oferecer esse valor mínimo. Entretanto, uma enxurrada de "dinheiro barato" na forma de endividamento ou patrimônio pode ser mais prejudicial ao seu negócio que o *crack*. E tão viciante quanto.

Acabamos de sobreviver a uma das maiores crises financeiras da história. Muitas pessoas na Grã-Bretanha ficariam felizes em resgatar uma resolução parlamentar de 1720 que propunha que os banqueiros fossem amarrados dentro de sacos cheios de cobras e jogados no rio Tâmisa.

No entanto, acredito que os consumidores dessa dívida também têm sua parcela de culpa. A enxurrada de dinheiro barato dos poupadores chineses empurrou os juros dos empréstimos a níveis artificialmente baixos e levou os consumidores a se tornarem viciados em dívidas.

Meu exemplo favorito é o magnata de Hollywood Harvey Weinstein. Tendo desenvolvido a reputação de produzir grandes sucessos folheados a ouro, ele se viu diante de um verdadeiro baú do tesouro contendo US$ 1,5 bilhão oferecido por banqueiros "generosos". Sua primeira aquisição, em 2006, foi um concorrente do Facebook, só que exclusivo aos megarricos. Depois ele comprou uma rede de TV a cabo e uma grife de moda. Toda a disciplina que passou anos cultivando foi para o lixo. E, com a mesma rapidez com a qual seu novo império foi erguido, o castelo de areia desabou. Agora ele voltou a fazer o que faz melhor: filmes.

Entre em ação

- O pensamento criativo funciona melhor diante de restrições e limitações. Sucumba ao vício do dinheiro barato e tudo isso se perde automaticamente.
- Só pense em se endividar se tiver uma oportunidade de negócio que pode explorar rapidamente e se conhecer os termos de pagamento como a palma da sua mão.
- Se os banqueiros chegarem batendo à sua porta... basta dizer "não".

87

Dobre seus custos, corte as recompensas pela metade

Se você elaborou um plano de negócios (e ignorou a regra 19), espero que o tenha feito com o intuito de levantar fundos. É bem provável que você tenha usado cálculos realistas. Isso é bom para seus financiadores, mas agora você precisa dobrar seus custos e cortar seu faturamento pela metade.

Os empreendedores e os pioneiros são seres naturalmente otimistas. Isso é excelente para definir metas e objetivos. No entanto, é melhor deixar o ego de fora ao fazer suas projeções financeiras. Quando se trata de planejamento financeiro, é melhor pensar como o deprimido crônico que só vê o pior que pode acontecer. Adicione 40% às suas despesas gerais. Está vendo aqueles clientes "garantidos"? Elimine alguns deles. E agora, como ficaram seus cálculos?

Como bem disse o sábio: "Espere o melhor, mas prepare-se para o pior". As histórias mais deprimentes que ouço são de empresas promissoras que dão com os burros n'água devido ao "excesso de negócios". Elas têm um excelente *pipeline* de pedidos, mas, por falta de capital de giro, acabam morrendo na praia.

Por mais sofisticada que seja sua modelagem financeira, você simplesmente não tem como prever o futuro, de modo que precisa de um pouco de espaço de manobra.

Siga o exemplo do explorador escocês de petróleo Bill Gammell, da Cairn Energy. Eu o entrevistei sobre a abordagem ao risco da Cairn. Ele explicou a modelagem, o trabalho dos geólogos, o planejamento de cenários, mas, no final do processo de planejamento, ele pegava os cálculos que sua equipe técnica lhe apresentava, dobrava o risco e cortava as recompensas pela metade. Se mesmo assim valesse a pena, seguia em frente.

Entre em ação

- Não inclua suas premissas vaidosas no seu plano de negócios. Certifique-se de que o plano seja viável até nos cenários mais pessimistas. Depois permita aos poucos que seus gastos aumentem com a renda real.

88

Jogue sua tabela de preços no lixo

Existe um jeito sensato de definir seus preços. Pegue todos os seus custos de produção e mão de obra, acrescente a margem-padrão do setor e elabore uma tabela de preços simples e clara.

E, já que você está com a mão na massa, por que não acender uma fogueira na frente do escritório e queimar uma montanha de dinheiro?

Seus custos só informam uma coisa: se você negociou um bom preço com seus fornecedores. Já o preço que cobra é algo completamente diferente. É o que seus clientes estão dispostos a pagar em determinado dia, em determinado local, por determinada razão. Seria muito melhor usar um psicólogo para definir sua tabela de preços que um contador.

Você pode usar todos os tipos de fatores para variar o preço da sua oferta. Vejamos o exemplo dos livros de capa dura. Quando estava no negócio de publicação de anuários, descobri que, se usasse uma capa dura de US$ 3, poderia cobrar US$ 11 a mais por anuário...

e os clientes saíam mais satisfeitos tendo em mãos o prestígio de um livro de capa dura. Todavia, isso não é nada em comparação aos livros de venda exclusiva em aeroportos. Com a simples manobra de fazer um livro ligeiramente maior, as editoras conseguem cobrar 40% a mais só capitalizando a impaciência dos clientes.

Alavancar o valor do esnobismo também é uma estratégia de preços possível, ou você pode variar sua tabela de preços com base na urgência. Um consultor estava trabalhando com uma empresa que ajudava outras a apagar incêndios... literalmente. O cliente da consultoria usava uma tabela-padrão de preços por hora trabalhada até que o consultor observou que um incêndio em um poço de petróleo custaria muito mais que, por exemplo, um incêndio em um armazém.

Entre em ação

- Você precisa de uma tabela de preços que varie de acordo com fatores como o valor da ostentação, a urgência, a hora do dia, a utilização do cliente ou o contexto.
- Envolva seus vendedores ao decidir os preços. Em seguida, entregue a tabela ao seu financeiro e veja se ele consegue negociar os custos a fim de garantir uma margem aceitável para os níveis de preço que definiram.

89

Trate os fornecedores como colegas de batalha

Em tempos de vacas magras, é natural querer repassar a dor aos seus fornecedores. Você vai querer forçá-los a apertar os cintos até o último furo – e ainda abrir mais alguns furos – para conseguir um bom preço. Mas isso pode fazer mais mal do que bem.

Seus fornecedores podem ser seus melhores aliados para ajudá-lo a tirar a corda do pescoço. Como Darrell Rigby, da consultoria Bain and Co., observou, as empresas inteligentes "tratam seus fornecedores como companheiros de batalha presos na mesma trincheira".

Para ilustrar essa ideia, Rigby deu o exemplo da Chrysler. Diante da recessão de 1990, a gigante automobilística precisava reduzir consideravelmente seus custos. Todavia, em vez de simplesmente repassar o abacaxi aos fornecedores, a Chrysler se aliou a eles. Eles terceirizaram uma parcela maior de suas operações aos fornecedores, o que os ajudou a reduzir o estoque. Depois, anunciaram que, se qualquer fornecedor conseguisse se sair com um jeito de reduzir um custo em mais de 10%, a Chrysler dividiria o dinheiro poupado.

A Chrysler usou o dinheiro para investir em novos modelos e foi a única das grandes montadoras norte-americanas a sair do vermelho no ano seguinte.

Entre em ação

- Se você for atingido por uma recessão, visite seus principais fornecedores e lhes informe o problema.
- Incentive os fornecedores, oferecendo-se para dividir o dinheiro poupado se eles conseguirem identificar consideráveis reduções de custos ou maneiras nas quais vocês podem trabalhar juntos de um jeito mais rentável.
- Pondere os benefícios futuros de terceirizar mais tarefas aos fornecedores.

parte 7

Você

90

Use o choro como uma técnica de negociação

Quando um erro acontece, você entra em modo de redução de danos. É natural querer impedir imediatamente quaisquer possíveis repercussões e acusações por parte dos clientes.

O problema é que os clientes conseguem ver de longe que você está tentando tapar o sol com a peneira. Quanto mais tenta esconder os problemas, mais eles ficarão de olho. Se não tomar cuidado, a indignação deles pode contagiar rapidamente os outros clientes.

O melhor conselho de negócios que recebi na minha juventude veio de um empresário grisalho que me disse: "Aprenda a chorar como se fosse uma técnica de negociação".

Assim que encontrar um erro, confesse. Resista ao impulso de se esconder e ocultar o problema. Ligue para o cliente e peça desculpas sinceras. Melhor ainda, apareça pessoalmente, caia aos pés dele e implore seu perdão.

Eu comecei publicando anuários universitários. Uma noite, trabalhando até tarde, não percebi que o Microsoft

Word, em sua infinita sabedoria, decidiu "corrigir" o nome do presidente da turma, tirando a letra "G" de Angus McDonald.

Só vi a mancada no dia da entrega. Então, levei os livros aos clientes e contei imediatamente o problema. Pedi um milhão de desculpas e sugeri uma série de soluções possíveis para corrigir o erro. Depois de um silêncio espantado, eles caíram na gargalhada. Parecia que o novo nome tinha tudo a ver com a personalidade de Angus. Algumas cervejas depois, o anuário já tinha se tornado um item de colecionador.

A verdade é que um pedido de desculpas rápido, claro e inequívoco tem o poder de desarmar as pessoas. O cliente fica sem ter o que dizer e o sentimento de injustiça cai imediatamente por terra. E os clientes que passam por um problema que acabou sendo resolvido a contento tendem a ser mais fiéis no futuro.

Entre em ação

- Não promova uma cultura de culpar os outros na sua organização. Quando alguém erra, ninguém ganha lançando uma caça às bruxas, que poderá causar danos duradouros.
- Assim que identificar um erro grave, tome a iniciativa. Seja efusivo e sincero nos seus pedidos de desculpas e comece a delinear as possíveis soluções. Ao menor sinal de que você está tentando transferir a culpa, o cliente vai revidar.
- Isso não significa que você precisa se torturar na frente dele. Com um sincero pedido de desculpas, ofereça uma solução prática e proporcional ao problema.

91

Suba na vida para eliminar o estresse

Vimos recentemente um batalhão de CEOs abrindo mão do cargo alegando estresse. Quando Antonio Horta-Osario, CEO do Lloyds Bank, tirou uma licença, ele revelou que foi uma "tortura" não poder dormir por cinco dias a fio.

E, como se essas mazelas não bastassem, o CEO é um bicho solitário. Quem iria querer subir tanto a um custo tão elevado? Na verdade, pesquisas demonstram que o estresse diminui ao subir pela hierarquia.

A partir da década de 1960, os "Estudos de Whitehall" britânicos se voltaram a analisar em profundidade os hábitos de trabalho de funcionários públicos. No início, os pesquisadores descobriram que as pessoas mais abaixo na hierarquia, como *office boys* e porteiros, apresentavam *duas vezes* mais ataques cardíacos do que as pessoas mais acima na pirâmide hierárquica, mesmo depois de controlar para outros fatores externos. E, quanto mais alto você subir, mais saudável você se torna.

E isso não se aplica só aos mandachuvas. Os estudos foram repetidos no mundo todo revelando exatamente a mesma tendência. Doenças relacionadas ao estresse tendem a diminuir à medida que você é promovido.

Há controvérsias em relação às causas. Acredito que um grande fator seja a importância do controle sobre seu destino. Em uma posição humilde, você fica estressado e isso libera o hormônio cortisol. Normalmente, você escolheria uma reação do tipo "lutar ou fugir", mas não há muitas opções disponíveis, e o cortisol continua sendo bombeado no seu corpo. Quando está com o freio de mão acionado mas o pé no acelerador, não é surpresa alguma que a pressão do óleo chegue a ponto de explodir.

Outros estudos conduzidos na Finlândia sugerem que a falta de "previsibilidade" em empregos mais abaixo na hierarquia leva a mais estresse, e outros pesquisadores têm demonstrado uma correlação entre a saúde e a autoestima em grupos de macacos.

Quaisquer que sejam as razões, os estudos são claros. Se for começar de baixo, esteja preparado para arcar com um fardo mais pesado.

Entre em ação

- Não deixe que o medo do estresse impeça seu progresso.

92

Evite a armadilha da paixão

Alguns anos atrás, caminhando do trabalho para casa no inverno, notei que uma nova loja do Cocktail Emporium, uma rede dedicada a produtos para fazer coquetéis, tinha sido aberta. Ao entrar na loja, fui recebido por um atendente bastante orgulhoso, cercado por seus elixires exóticos e nenhum cliente. Perguntei por aí e descobri que ele tinha sido o diretor sênior de uma empresa financeira global. A empresa, em uma iniciativa de *downsizing*, ofereceu um bom acordo para quem quisesse pedir demissão. O diretor aceitou o acordo e usou o dinheiro para ir atrás da paixão da vida dele: coquetéis.

À medida que o inverno rigoroso se prolongava, o lojista tentava se manter ocupado com seu avental branco impecável na loja vazia, mas o sorriso já não estava tão escancarado. E, então, uma noite, a loja foi fechada e um aviso de "Vende-se" foi colocado na porta.

"Para ter sucesso nos negócios, você deve seguir sua paixão", diz o sermão. Se mergulharmos de coração e trabalharmos no que adoramos, o sucesso será inevitável.

Infelizmente, existe uma enorme diferença entre fazer o que você adora e ganhar dinheiro fazendo o que você adora. Os dois podem ser mutuamente excludentes.

Para começar, calcule bem quanto tempo pode se dar ao luxo de passar com a parte agradável a fim de poder ter lucro. Depois precisará vender sua preciosa criação para um público pequeno-burguês incapaz de compreender sua arte. E, como se tudo isso não bastasse, muitos clientes vão se recusar a pagar e você terá de ir atrás deles!

Repita esse processo, um dia após o outro, talvez terceirizando a parte criativa da qual tanto gosta para poder se concentrar na parte chata, e perceberá que o melhor jeito de matar uma paixão é ter de ganhar a vida com ela.

Passamos tempo demais no trabalho para não fazer o que gostamos ou o que fazemos muito bem. No entanto, antes de dizer ao seu patrão onde ele pode enfiar aquele memorando e sair batendo a porta para ir atrás dos seus sonhos, pense um pouco mais sobre o *processo* de ganhar a vida fazendo o que mais gosta. Você quer ser mais criativo? Gosta de trabalhar em equipe? Não se incomoda de vender sua criação? Analisando racionalmente o processo e organizando sua vida ao redor dele, você aumentará suas chances de curtir o trabalho e a vida.

Entre em ação

- Você odeia o seu chefe? Está se sentindo desvalorizado no trabalho? Está louco para tentar alguma coisa diferente? Essa não é razão suficiente para partir em carreira solo. É só uma razão para procurar um emprego melhor.

93

Não faça doações de caridade

Então, você conquistou certo nível de sucesso. Em momentos de reflexão, você reconhece que suas conquistas não se deveram somente ao seu talento, charme e beleza. Você teve a sorte de se beneficiar das ações alheias, dos seus pais e amigos e, às vezes, da providência divina. É hora de retribuir.

Sou um grande admirador de religiões como o islamismo, que preconizam que as pessoas deem uma porcentagem predefinida da sua renda à caridade. Entretanto, dinheiro é um jeito muito barato de pagar essas dívidas. Não basta fazer um cheque de US$ 150 para uma instituição de caridade.

Relatórios conduzidos por uma série de instituições de caridade, como a Care International, sugerem que o dinheiro arrecadado para ajudar em desastres naturais, muitas vezes, deixa as vítimas em condições piores do que antes. Para essas instituições é melhor que as pessoas doem para causas sustentáveis e preventivas, mas esse tipo de causa raramente gera publicidade.

O bem mais importante que pode doar é você mesmo. Qual é o conhecimento ou talento especial que o levou ao seu sucesso? Você deve doar uma porcentagem disso.

O melhor exemplo é a "billantropia" praticada por Bill Gates. Para sustentar suas enormes doações financeiras, Gates aplica suas habilidades e as de sua empresa para desenvolver soluções técnicas e implementar e gerenciar projetos na batalha para erradicar a malária.

Entre em ação

- Identifique seu talento ou ponto forte especial.
- Encontre uma organização alinhada aos seus valores pessoais.
- Una os dois, tentando pensar em como pode usar seu talento especial para ajudar a atingir um objetivo que o motive. Não pense que só jogar dinheiro no problema bastaria para resolvê-lo.

94

Pare de pensar positivo

Desde que o livro *O poder do pensamento positivo* de Norman Vincent Peale foi lançado, em 1952, temos sido bombardeados por livros de autoajuda. O "pensamento positivo" não só não funciona como é ativamente prejudicial.

É bem verdade que as pessoas que se consideram sortudas acabam tendo mais sorte. Os pesquisadores testaram essa hipótese publicando um anúncio em um jornal que dizia: "Se você viu este anúncio, venha pegar seu prêmio!". Dos participantes do teste que viram o anúncio, só aqueles que se classificaram como "sortudos" foram buscá-lo.

O problema, como os pesquisadores descobriram, é que forçar as pessoas com baixa autoestima a tentar pensar positivo as levou a se sentirem pior ainda.

Se eu lhe dissesse: "Nos próximos 20 minutos, não pense em ursos-polares", acredito que um urso-polar apareceria na sua cabeça o tempo todo (e por que diabos ele está andando num monociclo?). Da mesma forma, um estudo instruiu dois grupos a pensar nas suas piores experiências pessoais e, em seguida, um grupo foi instruído a passar o resto da semana sem pensar nisso. Como você já deve ter imaginado, esse grupo pensou mais nas terríveis experiências e acabou ficando mais deprimido e com a autoestima mais baixa.

E a técnica da visualização (e "pedir ao universo") também leva a problemas semelhantes. As pesquisadoras Heather Kappes e Gabriele Oettingen, escrevendo no *Journal of Experimental Social Psychology*, descobriram que o problema é que, quando você visualiza, o cérebro morde a isca. Monitorando a pressão arterial e a atividade cerebral dos participantes orientados a visualizar o sucesso, o cérebro e o corpo reagem como se a pessoa já tivesse chegado lá e depois relaxa. O resultado é que você acaba com menos energia e capacidade mental para efetivamente atingir seu nirvana.

Ironicamente, a única coisa que a visualização faz bem é controlar a ansiedade. Se quiser se acalmar e se sentir menos pressionado a atingir as metas, visualize-se as atingindo.

Entre em ação

- Uma atitude positiva é vital no mundo dos negócios, mas não dá para forçá-la.
- É muito melhor investir esse tempo fazendo coisas que o motivam e tentar levar essa energia positiva para seu trabalho.

95

Deserde seus filhos

"Mortalhas não têm bolsos."

— Antigo provérbio escocês

Se você deu duro para criar alguma coisa, é natural que queira preservá-la e passá-la aos seus entes mais próximos e queridos. É como se estivéssemos negando o fato de que nossa presença na Terra só deixará meras pegadas na areia.

Por um lado, o apego é o inimigo da criatividade. Assim que você começa a tentar se agarrar às coisas, elas se tornam evasivas. Ser possessivo o leva à estagnação e impede o fluxo de ideias. Nas palavras de Ian Brown, cantor do (reformado) The Stone Roses, "Mantenha o que você tem abrindo mão de tudo".

Por outro lado, se achar que esse tipo de conselho só faz sentido em um conto de fadas, vale a pena manter em mente que facilitar a vida dos seus filhos e netos provavelmente é a pior coisa que pode fazer por eles. Em vez de passar sua riqueza adiante, por que não transmitir seu ímpeto e determinação, que possibilitaram suas conquistas?

Um grupo cada vez maior de bilionários norte-americanos já reconhece esse fato. Seguindo a máxima de Warren Buffett que diz que a herança que ele quer deixar aos filhos é "o suficiente para que possam fazer qualquer coisa, mas não a ponto de se darem ao luxo de não fazer nada", eles decidiram doar a maior parte de sua riqueza a causas válidas que não fossem seus descendentes.

Entre em ação

- Se quiser deixar uma herança, deixe aos seus sucessores certo grau de liberdade.
- Compre uma passagem aérea para viajar ao redor do mundo, pague os estudos deles, dê dinheiro para viajar. Mas é só. Deixe bem claro que, depois disso, estarão por conta própria.

96

Duvide de si mesmo

"Se você acredita que pode, você pode.
Se você acredita que não pode, você está certo."
— Henry Ford

Uma autoconfiança inabalável é um valioso aliado para fortalecer um negócio. Isso o ajudará a sobreviver às horas sombrias antes do amanhecer, quando tudo parece indicar que você não passa de um idiota sem noção. Porém, com o tempo, a autoconfiança pode se tornar um grande obstáculo. Você começa a acreditar em relatos da sua incrível infalibilidade.

Vários experimentos demonstraram o efeito do "viés de confirmação", uma tendência de achar que resultados neutros confirmam suas crenças (os próprios pesquisadores não estão imunes a isso, montando experimentos que já começam tendenciosos).

E essa tendência ainda é intensificada pelo "reforço comunal". Daniel Kahneman, ganhador do Prêmio Nobel, resume esse conceito em seu livro *Rápido e devagar*:

"Sabemos que as pessoas são capazes de manter uma fé inabalável em qualquer proposição, por mais absurda que seja, quando têm o apoio de uma comunidade de pessoas que pensam de maneira similar". Os líderes de seitas já descobriram isso há um bom tempo.

Como se tudo isso não bastasse, esse inebriante coquetel de ilusão ainda é completado com o "efeito de primazia", no qual as pessoas se agarram a evidências recebidas no início de um experimento.

E o que acontece quando você agita esse coquetel demoníaco? A mesma coisa que aconteceu com o Royal Bank of Scotland (RBS). O banco estava com a corda toda, surfando na onda da aquisição da NatWest, que foi um sucesso. O RBS era liderado por um CEO com uma autoestima nas alturas e que comandava uma panelinha da alta administração com tolerância zero a opiniões dissidentes. Eles foram ludibriados com maestria pelos proprietários holandeses do ABN Amro e convencidos a adquiri-lo pagando muito mais do que valia. No fim, os contribuintes do Reino Unido tiveram de pagar US$ 75 bilhões para resgatar o RBS.

Entre em ação

- Ouça o conselho de Rudyard Kipling: "Trate o sucesso e o fracasso como os impostores que são".
- Contrate um "bobo da corte" – alguém que tem carta branca para dizer a verdade, por mais inconveniente ou desagradável que possa ser (os parentes costumam se destacar nessa função!).

97

Pule de uma cadeira

Olhando os temerários empresários que dividem o tempo entre liderar empresas globais e pular de paraquedas de naves espaciais, você acharia que o mundo se divide em super-heróis e o resto de nós. Essas pessoas incríveis parecem que já saíram do útero da mãe dando um mortal para a frente.

Eu não estou convencido disso. Não quero entrar na cabeluda discussão para decidir se os empresários (ou qualquer outro tipo de personalidade) já nascem assim ou se se desenvolvem com o tempo. Acredito que algumas pessoas nascem com uma vantagem e também não dá para pegar algumas crianças de 12 anos e transformá-las todas em magnatas empreendedoras. Porém, é possível ensinar as pessoas a terem uma maior tolerância ao risco e à incerteza.

Quando era mais jovem, aprendi paraquedismo no exército. O lema da divisão de treinamento era "O conhecimento dissipa o medo". Em vez de gritarem com os recrutas e enfiarem todos de qualquer jeito em um avião, eles trabalham para desenvolver as habilidades de cada um.

Você começa caindo no chão. Depois pula de cadeiras e, depois, de muros. Após muita preparação, chega até uma torre, com equipamento de segurança, até que finalmente se lança, jubiloso, de uma aeronave de transporte modelo C130.

E a mesma coisa acontece no mundo dos negócios. A maioria das pessoas que chegaram ao topo de empresas bilionárias abriu o caminho até lá dando pequenos passos. Adorei a biografia de Richard Branson, cuja mãe estava sempre inventando testes de independência e confiança para ele, quando criança.

Entre em ação

- Se quiser que sua equipe cresça confiante, estabeleça uma série de estágios para desenvolver a confiança. Pode-se atribuir a ela projetos cada vez maiores ou complexos ou ajudá-la a superar um medo, como de fazer uma apresentação a clientes importantes. Eles vão descobrir que a maioria dos nossos temores é mais intensa na nossa cabeça e se dissipa quando exposta à luz do dia.
- A mesma regra se aplica às crianças. Dê espaço a elas. Se estiver sempre por perto para impedi-las de cair, elas nunca aprenderão a se levantar e sacudir a poeira.

98

Seja um psicopata

Então, quer dizer que seu chefe é um psicopata? Vários excelentes artigos e livros, como *O teste do psicopata*, de Jon Ronson, salientam as semelhanças entre os psicopatas e alguns CEOs. Todo mundo gosta de ler essas histórias, especialmente alguém que já foi vítima de um chefe arrogante. A hipótese também parece ser confirmada por pesquisas.

Os psicólogos da Universidade Surrey recentemente descobriram que três de onze transtornos de personalidade eram mais comuns em pessoas internadas no Broadmoor Hospital, um hospital psiquiátrico de segurança máxima da Inglaterra. Características como narcisismo, compulsão obsessiva e transtorno de personalidade histriônica ajudam as pessoas a progredir profissionalmente.

Embora eu não esteja aconselhando a andar por aí usando o vestido de casamento da sua mãe ou se alegrando com a tragédia alheia, uma característica é extremamente útil nos negócios. Em termos gerais, os psicopatas se preocupam menos com o que os outros vão pensar de suas ações.

Para ter sucesso, muitas vezes é preciso ser diferente do resto do mundo. Para isso, é interessante não dar muita bola à opinião alheia. É surpreendentemente difícil desconsiderar o olhar dos outros, e os cientistas sociais postulam que pelo menos a metade do nosso senso de autoidentidade provém da opinião dos outros.

Um grande exponente dessa arte é Felix Dennis, fundador da editora de revistas Dennis Publishing. Um iconoclasta na escola, Dennis sempre manteve um grau saudável de desrespeito às críticas alheias. Quando um empreendedor do setor editorial o procurou com a ideia de criar um jornal de notícias semanal, o conselho de administração de sua empresa vetou a proposta. Dennis ignorou o veto e fechou o negócio mesmo assim. O jornal resultante, *The Week*, cresceu rapidamente para se tornar o título de maior sucesso da empresa.

Entre em ação

- Pare de comparecer a eventos do setor (a menos que vá disfarçado). Quanto mais se torna conhecido no seu setor, mais difícil será fazer algo verdadeiramente inovador.
- Saiba quem são seus "assassinos ocultos". Pense em uma ideia nova e tente descobrir a quem é melhor não revelar – e não a revele!

SEJA DIFERENTE DO

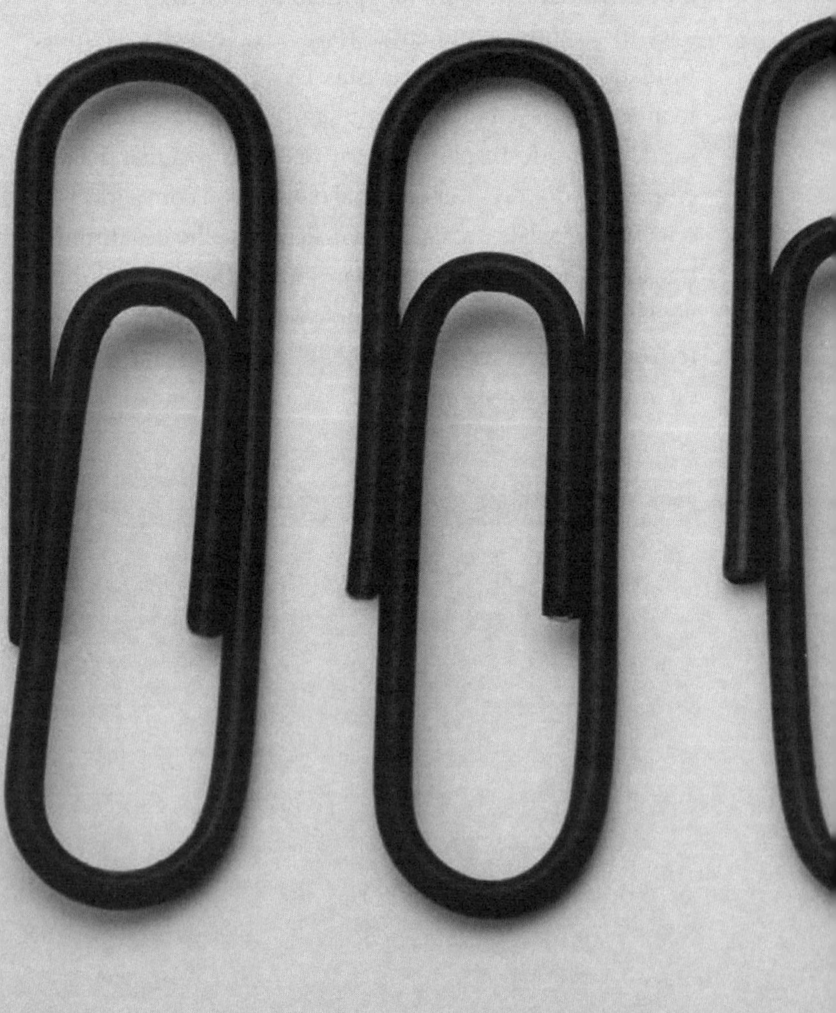

RESTO DO MUNDO.

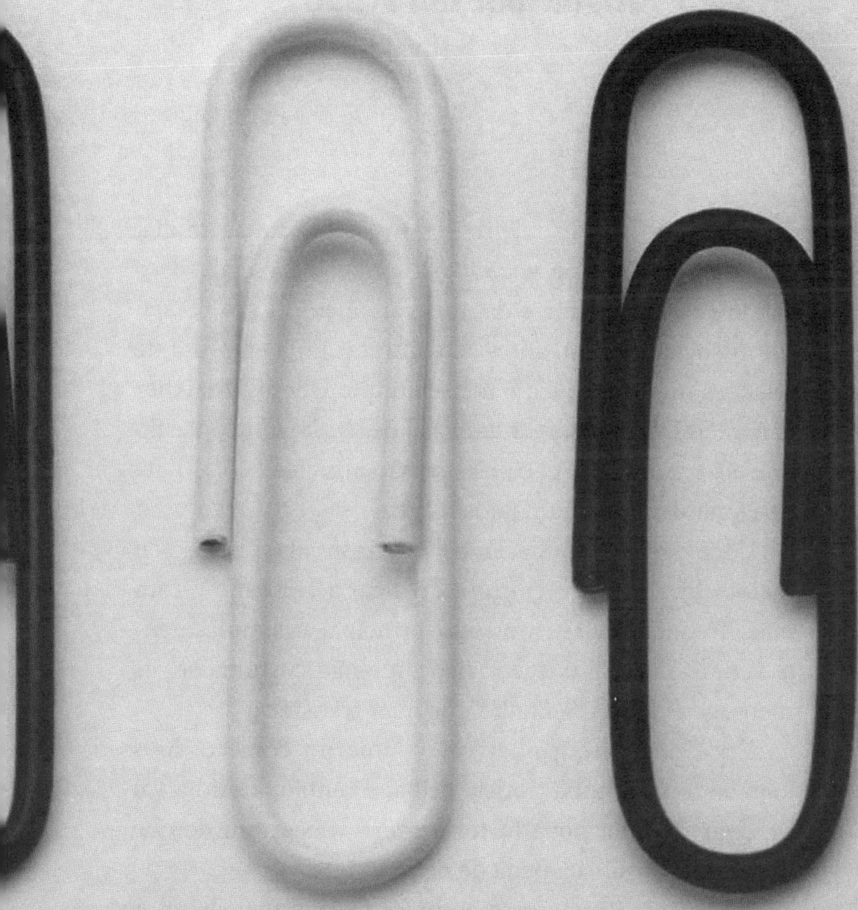

99

Não se deixe abater por um arpão

É imensamente lisonjeiro ser mencionado na mídia. Melhor ainda se você for reconhecido na rua. Isso valida sua autoestima e dá um grande empurrão no seu *status* social. Porém, antes de contratar uma empresa de relações públicas, ouça o conselho que Dennis Thatcher deu a Sarah Ferguson, a duquesa de York (um conselho que ela ignorou): "As baleias só são atingidas com o arpão quando esguicham jatos d'água".

Você precisa conhecer os interesses da mídia. Seu maior objetivo nem sempre é divulgar a "verdade". Com mais frequência, seu objetivo principal é simplesmente vender mais. E o que mais vende não costuma ser as mensagens fundamentadas que quer transmitir.

Você pode até ganhar certa fama no começo. Mas logo se tornará uma notícia velha. E, então, a mídia vai precisar de uma nova história sobre você a fim de que mencioná-lo valha a pena de novo.

"Os brincos que nossa empresa faz são mais baratos que um sanduíche de camarão e não devem durar tanto tempo!", brincou Gerald Ratner em uma conferência do Institute of Directors em 1991. Em dois minutos de arrogância, ele conseguiu pulverizar US$ 830 milhões do valor da joalheria Ratners.

Entre em ação

As relações públicas podem ser uma maneira bastante eficaz de fortalecer sua empresa, mas, antes de retornar a ligação de um jornalista, pense:

- Qual é a mensagem que quero passar e como isso vai beneficiar financeiramente minha empresa?
- Quais seriam os riscos e será que existe uma maneira mais segura de obter o mesmo benefício financeiro?
- Eu conheço um profissional que pode me ajudar a lidar com isso?

100

Seja preguiçoso

"Ouça bem, rapazinho, o único lugar onde a conquista vem antes do trabalho é no dicionário", o veterano grisalho me disse, com a mão no meu ombro.

É uma selva lá fora, a competição é implacável e, se quiser vencer, terá de trabalhar feito um camelo. Já ouvi falar de jovens na faixa dos 20 anos fazendo aplicações de botox para disfarçar os sinais das 20 horas de trabalho diárias. Isso não é nada em comparação com as economias emergentes.

A "Irmã Dong" é a lendária líder da Gree, uma gigantesca fabricante chinesa de eletrodomésticos. Dizem que ela nunca tirou um dia de folga em 20 anos. Quando encontrou o filho depois de dez anos sem vê-lo, diz a lenda que o obrigou a ir de ônibus para o aeroporto no final do dia.

No entanto, o mundo também está cheio de idiotas ocupados. É fácil confundir atividade com realização. Trabalhar incansavelmente, horas a fio, dá às pessoas a sensação de que estão produzindo, progredindo. Às vezes, é preciso muito mais determinação e força de vontade para não fazer nada, parar para ver o que acontece, relaxar em vez de mergulhar em um turbilhão de atividade frenética. Como diz o ditado: "Dê um trabalho difícil a um preguiçoso e ele vai achar um jeito fácil de fazê-lo".

Em uma análise de horas de trabalho conduzida pela Organização para a Cooperação e Desenvolvimento Econômico (OCDE), adivinha qual nação ficou em segundo lugar no número de horas trabalhadas (perdendo apenas para a Coreia do Sul)? A Grécia. E a Alemanha está no fim da lista, apresentando um dos números de horas trabalhadas mais baixos da Europa.

Dependendo da época, a atividade rápida e intensa é essencial nos negócios. Porém, em todos os outros momentos, você precisa pensar como o leão descansando à sombra de uma árvore na África.

Entre em ação

- Nunca tente fazer o mesmo trabalho do mesmo jeito duas vezes. Fique sempre de olho em maneiras de encontrar atalhos ou delegar tarefas.
- Não se preocupe em não se "ocupar o suficiente". Se você se der essa liberdade, será capaz de se concentrar nas coisas que mais importam.
- Adote a filosofia de vida de Ferris Bueller, personagem de Matthew Broderick no filme *Curtindo a vida adoidado*: "A vida passa muito rápido. Se você não der uma parada de vez em quando, corre o risco de perdê-la".

O **MUNDO**

está **CHEIO** de